JN297543

日本語文法
ファイル

日本語学と言語学からのアプローチ

鈴木孝明
Takaaki, Suzuki

JAPANESE GRAMMAR FILES
―An Introduction to Japanese Grammar―

くろしお出版

まえがき

　「何か良い日本語文法の本はありませんか？」と日本語教師志望の学生に尋ねられたことが、本書を執筆するきっかけとなった。私自身、日本語教師を目指し「日本語文法」と名のつく本を何冊も読んだことがある。しかし、その多くは当時の私にとって「何だかわかったような、わからないような内容」だった。今、考えると、これらの本の多くは日本語の記述に徹したものであり、初心者の私にとって手に負えるものではなかった。そして何よりも、つまらなかった。

　このようなことを思い返して、自分なりの推薦図書を考えてみると、リストアップした本の多くが日本語学、または言語学に偏ったものであることに気づいた。日本語学と言語学に厳密な違いがあるわけではないが、これらの名称はそれぞれのアプローチを示しており、一般的に与える印象も異なるだろう。

　では、日本語学と言語学のどちらを学べば良いのか？または、どちらが必要なのか？これはもちろん個人の目的によるが、本書を手にとる多くの方々にとっては両方とも必要であり、重要なのは両者のバランスということになるだろう。すなわち、バランス良く両方のアプローチから基本事項を学ぶことが先決であると思われる。そして、本書はこのことを最大限に考慮して執筆した。目指したのは、日本語学と言語学のコアの部分を抽出したコンパクトで（中身を凝縮して）、コンサイス（説明を簡潔にし）、かつ、コンプリヘンシブ（網羅的）なテキストである。コアの部分とは、必ずしも両者の最大公約数的なものではなく、両者が「重要だと考える部分」のことである。よって読者は、どのような目的を持つ者であっても、つまり、この先どのような道に進むことになっても、「日本語文法の基本」は本書でおさえておけることになると信じている。

　しかし当然のことながら、扱う項目がコンプリヘンシブになれば、その分、

分量は多くなる。よって、扱う項目は、いわゆる文法 (sentence grammar, syntax) に限定した。また、語用論的な側面、意味に重点がおかれる項目、特定の語彙や語句の用法、さらに理論的考察などは扱わないことにした。これらについては、本書で一通り基本事項をおさえた後、個々人の将来的な目的に合わせて勉強（研究）を進めていただきたい。

　本書を手にとる読者が、ここを出発点として日本語文法の面白さ、不思議さ、奥深さを感じていただけたら良いと思っている。学問は探究心なしでは進まない。本書を読んで「えっ、本当？」「もっと知りたい！」という気持ちが涌き上ってきたら、本書を卒業して次に進んでいただきたい。

■謝辞

　本書が採用した「ファイル」という発想は、言語学の入門書として長く使用され続けているオハイオ州立大学出版の *Language Files* によるものである。しかし、直接的には、私が大学院生として統語論を学んだ時に出会った *Syntax Files* という教材が大きなヒントになっている。この教材は恩師である William O'Grady 氏が作成したもので、統語論の基礎がわかりやすくまとめられている。残念ながら未公刊なのだが、形式のみならず、内容に関しても多くを参考にさせていただいたということを、ここに記しておきたい。

　本書は、二名の友人の協力なしには完成し得なかった。校正段階で原稿を丁寧に読んで、間違いの指摘と詳細なコメントをしてくださった稲垣俊史さんと澤崎宏一さんに心から感謝している。稲垣さんは、20 年前にハワイ大学で机を並べ勉強をした仲間である。共に苦しい時を乗り越えてきたというような不思議な連帯感がある。また、澤崎さんは、時期は異なるものの、北米大学教育交流委員会 (Exchange: Japan) で、ともに日本語教師を目指してアメリカで勉強をした同志である。帰国後、このお二人とは良き研究者仲間として、また友人としてお付き合いいただいている。多忙極まる状況でも、労を惜しまずに原稿を読んでくださったことに対する感謝、また、このフレンドシップを誇りに思う気持ちを伝えたい。

まえがき

　最後に、編集を担当してくださったくろしお出版の池上達昭さんに感謝したい。本書の企画を検討し、完成まで見守ってくださった。前書同様、楽しく仕事をさせていただいたこと、また、このような貴重な機会を与えてくださったことにお礼を申し上げたい。

2015 年 4 月桜満開の京都にて

鈴木孝明

目　次

まえがき　iii
項目／キーワード一覧　viii

File 1 ● 文法 1
File 2 ● 語の分類と品詞（1）..7
File 3 ● 語の分類と品詞（2）..14
File 4 ● 統語範疇 20
File 5 ● 句構造と階層性 26
File 6 ● 文の種類 32
File 7 ● 意味役割 37
File 8 ● 格（1）...43
File 9 ● 格（2）...50
File 10 ● 文法関係 60
File 11 ● 動詞（1）...69
File 12 ● 動詞（2）...77
File 13 ● 時制（テンス）...84
File 14 ● アスペクト（相）..91

File 15 ● モダリティ	97
File 16 ● 助動詞（1）	102
File 17 ● 助動詞（2）	109
File 18 ● 助詞	115
File 19 ● とりたて	123
File 20 ● 活用（1）	132
File 21 ● 活用（2）	141
File 22 ● 受動態	147
File 23 ● 使役	153
File 24 ● 関係節	159
File 25 ● 語順	165
File 26 ● 照応表現	172
File 27 ● 授受表現と待遇表現	178
File 28 ● 英語論文における日本語表記	185

索　引　191

項目／キーワード一覧

File	ファイル名	項　目
1	文法	言語学と日本語学、文法、文法性、文の構成要素
2	語の分類と品詞 (1)	語の分類、品詞、動詞、形容詞、形容動詞、名詞、副詞、連体詞、接続詞、感動詞
3	語の分類と品詞 (2)	特別な動詞：動詞の成り立ちによる分類、特別な名詞、指示詞、判定詞
4	統語範疇	統語範疇、名詞・動詞・形容詞、その他の統語範疇
5	句構造と階層性	句範疇、句と文の構造、文節
6	文の種類	述語による分類、機能による分類、複雑さや節の特徴による分類、様々な構文
7	意味役割	意味役割、項構造、その他の意味役割

項目／キーワード一覧

キーワード	ページ
言語学、日本語学、国語学、文法、教育文法、学校文法、日本語文法、統語論、文法性、容認度、句点、語、読点、形態素、自由形態素、拘束形態素、接辞、接頭辞、接尾辞、語基、派生、句、節、文	1-6
自立語、付属語、内容語、実質語、機能語、活用語、非活用語（無活用語）、品詞、体言、用言、述語、動詞、形容詞、イ形容詞、限定用法、叙述用法、属性形容詞、感情形容詞、形容動詞、ナ形容詞、名詞、固有名詞、一般名詞、代名詞、人称代名詞、指示代名詞、副詞、様態副詞、程度副詞、陳述副詞、連体詞、接続詞、感動詞（間投詞）	7-13
複合動詞、派生動詞、補助動詞、軽動詞（形式動詞）、形式名詞、数量詞（数量名詞）、助数詞、動名詞、指示詞、現場指示、文脈指示、判定詞（コピュラ）	14-19
統語範疇、分布、共起、名詞、決定詞、動詞、形容詞、程度副詞、前置詞、後置詞、助動詞、屈折辞、時制、一致、補文標識、語彙範疇、機能範疇	20-25
句、主要部、句範疇、名詞句、形容詞句、動詞句、句構造、樹形図、従属詞、依存関係、線的順序、階層構造、構成素、主要部後置型、主要部前置型、補部、付加部、文節	26-31
動詞文、形容詞文、名詞文、平叙文、疑問文、否定文、疑問詞、wh疑問文、命令文、感嘆文、呼びかけ文、節、単文、重文、複文、主節、従属節、埋め込み節、構文	32-36
参与者、意味役割、動作主、被動作主、主題（対象）、起点、着点、場所、項、項構造	37-42

ix

File	ファイル名	項目
8	格 (1)	格、格の捉え方、格助詞と後置詞
9	格 (2)	「が」・「の」交替、多重主格構文、二重「を」制約、直接目的語以外に付く「を」、「に」の多面性、「に」の識別
10	文法関係	主語と目的語、文法関係と格、主語の特性、直接目的語の特性
11	動詞 (1)	動詞の特徴と分類、動詞の自他、自動詞の2分類、自他の対応がある動詞
12	動詞 (2)	動詞の意味による分類、状態動詞の特徴、動詞のアスペクトによる分類、その他の意味的な分類
13	時制（テンス）	時制と活用形、ル形の時制、タ形の時制、従属節の時制
14	アスペクト（相）	文法的アスペクト、「-ている」のアスペクト、その他の文法的アスペクト

項目／キーワード一覧

キーワード	ページ
格、格助詞、斜格、抽象格、構造格、形態格、格助詞、後置詞	43-49
「が」・「の」交替、多重主格構文、大主語、二重「を」制約、起点、経路、状況、着点、存在、存在文、所有文、与格の格助詞、後置詞	50-59
文法関係（文法機能）、主語、直接目的語、間接目的語、二重目的語構文、補語（補足語）、必須補語、与格主語構文、後置詞の目的語、再帰代名詞、先行詞、主語指向性、主語尊敬化、一致、格助詞脱落	60-68
出来事、自動詞、他動詞、三項動詞、非能格動詞、非対格動詞、結果構文、自他の対応がある動詞（有対自動詞、有対他動詞）、自他同形	69-76
動態動詞、状態動詞、意志動詞、無意志動詞、状態動詞類、語彙アスペクト、状態、活動、達成、到達、動態性、限界性、限界、非限界、瞬時性、状態動詞、継続動詞、瞬時動詞、自他交替、状態変化の動詞、様態動詞、移動動詞、心理動詞、知覚動詞	77-83
時制（テンス）、ル形、タ形、非過去、静的述語、動的述語、過去、完了、想起、発見、相対テンス	84-90
アスペクト（相）、語彙アスペクト、文法的アスペクト、継続、結果の残存、反復、習慣、完了、経験、「－てある」、「－ておく」、「－てしまう」、「－ていく」、「－てくる」、変化の進展、状態の出現、長期的継続	91-96

xi

File	ファイル名	項　目
15	モダリティ	命題とモダリティ、 対事的モダリティと対人的モダリティ、 「のだ」のモダリティ
16	助動詞 (1)	助動詞とその分類、「れる・られる」、 「せる・させる」、「ない」・「ぬ」、「た」
17	助動詞 (2)	モダリティを表す助動詞、 「らしい」・「ようだ」・「みたいだ」、 「う・よう」・「まい」、「たい」・「たがる」、 「そうだ」、「ます」
18	助詞	助詞とその分類、格助詞、並列助詞、 接続助詞、終助詞
19	とりたて	副助詞ととりたて、とりたて助詞の意味、 名詞句のとりたてと格助詞、とりたてる要素、 「は」と「が」
20	活用 (1)	活用、活用表と活用のパターン、活用形、音便
21	活用 (2)	形容詞と形容動詞の活用、判定詞の活用、 助動詞の活用

項目／キーワード一覧

キーワード	ページ
命題、モダリティ（様相性）、ムード、対事的モダリティ、判断のモダリティ、認識のモダリティ、評価のモダリティ、対人的モダリティ、「のだ」、「んです」	97-101
受身、可能、自発、尊敬、ら抜き言葉、使役、打ち消し、否定形、勧誘、過去	102-108
推定、類似、推量、意志、願望、伝聞、兆候、丁寧、丁寧体	109-114
助詞、格助詞、連体助詞、準体助詞、引用の助詞、並列助詞、全部列挙、選択列挙、一部列挙、累加列挙、接続助詞、順接、逆接、原因・理由、等位、言いさし表現、終助詞、「よ」、「ね」、「よね」、間投助詞	115-122
副助詞、係助詞、とりたて助詞（とりたて詞）、とりたて、対比（対照）、累加、限定、極限、評価、トピック、有題文、限度、中立叙述、総記、無助詞	123-131
活用、五段活用、上一段活用、下一段活用、カ行変格活用（カ変）、サ行変格活用（サ変）、子音動詞、語幹、母音動詞、不規則動詞、活用語尾、u-verb、ru-verb、活用表、活用形、音便、イ音便、撥音便、促音便	132-140
ウ音便、中止形、副詞形	141-146

File	ファイル名	項　目
22	受動態	態、受動態、直接受身と間接受身、間接受身の特徴
23	使役	使役、使役の意味、形態的使役、 形態的使役と格助詞
24	関係節	関係節、関係節化可能な名詞句、 特別な関係節
25	語順	基本語順、かき混ぜ、基本語順と遊離数量詞、 右方移動
26	照応表現	代名詞、再帰代名詞の特徴、 日本語と英語の再帰代名詞、ゼロ代名詞
27	授受表現と待遇表現	授受表現、待遇表現、丁寧体
28	英語論文における 日本語表記	ローマ字、例文の提示、論文のスタイル

項目／キーワード一覧

キーワード	ページ
態、能動態、受動態、直接受身、間接受身、被害の受身（迷惑の受け身）	147-152
使役、使役動詞、語彙使役、形態的使役、直接使役、間接使役	153-158
関係節、主要部、関係代名詞、空所、主語関係節、目的語関係節、制限用法、非制限用法、関係節化可能性の階層、主要部外在型関係節、主要部内在型関係節、外の関係、内の関係、疑似関係節	159-164
語順、基本語順、かき混ぜ文、かき混ぜ、移動、痕跡、短距離かき混ぜ、長距離かき混ぜ、数量詞、遊離数量詞、数量詞遊離、右方移動	165-171
照応表現、先行詞、再帰代名詞、主語指向性、短距離束縛、長距離束縛、ゼロ代名詞	172-177
授受表現（やりもらい表現）、「あげる」、「もらう」、「くれる」、視点、待遇表現、敬語、尊敬語、謙譲語、普通体、丁寧体	178-184
ローマ字、訓令式、ヘボン式、斜字体、引用符、ローマ字による日本語、形態素ごとの注記、略語一覧、英語訳、APAスタイル、MLAスタイル	185-190

File 1 ● 文法

■言語学と日本語学

　言語学と日本語学に明確な区別があるわけではない。ただし研究対象としての日本語をどう捉えるかという点で、それぞれのアプローチは異なる。**言語学**（linguistics）は、自然言語を対象として、その仕組みを探る分野である。よって、日本語は対象となる言語の1つにすぎない。しばしば他の言語と比較されて、日本語の特徴やすべての言語に共通する言語の普遍的な側面が明らかにされてきた。一方、**日本語学**（Japanese Linguistics）は、日本語を対象にその本質を探ろうとする分野である。伝統的には、**国語学**とよばれ、現代文と古文を対象に記述と分析が行われた。その成果は国語教育に反映されてきたが、後に外国人に対しての日本語教育という視点からも研究が進められている。

■文法

　言語の規則を**文法**（grammar）とよぶ。音（発音）に関する規則も、新しい語を作るときの規則も文法である。ただし一般的には、文に関わる規則を文法とよぶことが多い。

　たとえば、英語教育や外国人のための日本語教育でも、文法の授業では文に関わる規則を扱う。このような外国語教育で用いられている文法を**教育文法**（pedagogical grammar）とよぶ。教育文法は、学習者に効率よくわかりやすい形で文の規則を示し、外国語の学習を促進することが目的である。日本語教育のテキストで扱われる文法は、日本語教育文法である。また、学校教育の場では国語の教育においても、母語に関する意識を高め、ときには適切な言語表現を身につけさせるための文法指導を行う。これは、通常、**学校**

文法とよばれている。

　本書では、項目によっては教育文法や学校文法にも触れるが、特に断りのない場合は「教育」や「学校」の付かない文法を扱う。この「文法」とは、文に現れる規則を体系的に示したもので、言語学でも日本語学でもこの捉え方は変わらない。特に対象を日本語に絞った場合、**日本語文法**（Japanese syntax／Japanese grammar）とよぶが、言語一般を対象とした場合、**統語論**（syntax）という。

■文法性

　以下の（1）と（2）の文を比較してみよう。（1）の文は日本語として自然だが、（2）の文はおかしいと感じるはずである。では、何がおかしいのだろうか。

（1）　皿が机の上にある。
（2）　*が皿机の上にあれ。

単語の意味から全体を推測すると、まず、「皿」と「が」の順番が逆であることがわかる。さらに動詞の「あれ」は文末の形としてはおかしい。このような文を非文法的な文とよび、アステリスクマーク「*」を付けて示す。私たちは、日本語の母語話者として（2）のような文を実際に使うことはないが、このように非文法的な文を、あえて作って示すことで、何がおかしいのかを客観的に見てとることができる。文法的な文と非文法的な文を比較して、文の**文法性**（grammaticality）を見ることで、文の規則を探ることができるのである。

　今度は、もう少し微妙な例を見てみよう。（3）と（4）の文の違いは、「野球」に付く格助詞 File 8 の違いである。（3）の文では「が」が使用されているが、（4）の文では「を」になっている。どう判断するだろうか。

(3)　次郎は野球が好きだ。
(4)　次郎は野球を好きだ。

多くの人は、(3)も(4)も文法的だと判断するのではないだろうか。しかし、年齢や地域によって判断が異なることもある。(3)の「－が好き」が多少不自然だと感じる人がいるかもしれないし、逆に(4)の「－を好き」が不自然だと判断する人もいるかもしれない。このような場合は、以下のようにクエスチョンマーク「?」を付けて示す[※1]。

(5)　?次郎は野球が好きだ。　　　　　　より文法的
(6)　??次郎は野球を好きだ。
(7)　?*次郎は野球をできる。
(8)　*次郎は野球が愛している。　　　　より非文法的

クエスチョンマークの数が多くなるとより非文法的になり、クエスチョンマークとアステリスクマークの両方を併記すると、ほとんど非文法的だという意味である。本来、文法性の判断は母語話者間で一致しているはずだが、非文法的だとは言い切れない文に関しては、その**容認度**（acceptability）を示すためにこのような方法が用いられる。

■ 文の構成要素

　日本語の文は、表記上、**句点**とよばれる「。」を文末に付ける。これが文という単位の印である。文は**語**（words）から成っている。しかし、語に関しての印はない。英語の場合は、(9)のように語と語の間に間隔をあけて示すので、どこからどこまでが1語なのかがわかる。しかし日本語の表記では、

※1　(5)〜(8)の文に関するここでの判断は、「*」と「?」の使用方法を示すための例であり、ここでの判断が一般的なものというわけではない。

通常このような間隔はあけない。(10) に使われている**読点**「、」は語に関しての単位を示しているわけではない。

(9)　It snowed this morning in Kyoto.
(10)　京都では今朝、雪が降った。

日本語の例をもう少し見てみよう。下記に示すのは、すべて文である。

(11)　本当。
(12)　サンペイです。
(13)　妹が寺を訪ねた。

(11) の文は 1 語でできている。この表記からだけでは意味はわからないが、「本当？」という疑問かもしれないし、「本当！」という驚嘆を示しているのかもしれない。(12) は「サンペイ」という名前と「です」の 2 語から成っている。(13) は母語話者の直感としては、「妹」「が」「寺」「を」「訪ねた」というように分けられるだろう。しかし、「訪ねた」はさらに「訪ね」と「た」に分けてもよさそうである。実際、日本語の助詞（たとえば、「が」や「を」）と助動詞（「訪ねた」の「た」など）は、語として認めるという立場と認めないという立場がある。
　では、語をさらに小さい単位で見てみることにする。(14) のような分け方である。

(14)　／妹／が／寺／を／訪ね／た／

ここに示すような意味や機能を表す最小の単位を**形態素**（morpheme）とよぶ。形態素という単位で見てみると、助詞や助動詞もすべて形態素ということになる。形態素には二種類ある。それ自体で独立して成り立ち、単独で現れる可能性があるものを**自由形態素**（free morpheme）とよぶ。これに対し

て、必ず他の語や他の形態素に付属して使用されるものを**拘束形態素**（**bound morpheme**）とよぶ。(14)の形態素をこれら2つに分類すると(15)のようになる。

   (15)   自由形態素：妹、寺、訪ね
          拘束形態素：が、を、た

すべての語は形態素でもある。では、すべての形態素は語なのだろうか。そこで、(16)の文を見てみよう。これを形態素で分けると(17)のようになる。

   (16)   妹さんがお寺を訪ねた。
   (17)   ／妹／さん／が／お／寺／を／訪ね／た／

今度は、「妹」に「さん」が付き、「寺」に「お」が付いている。これらは形態素（拘束形態素）だが、語ではない。これらは**接辞**（**affix**）という。その中でも、語の前に付くものを**接頭辞**（**prefix**）とよび、語の後に付くものを**接尾辞**（**suffix**）とよぶ。接辞は語に付いて意味を添えるものや、(18)の下線部に示すように意味や品詞を変える**派生**（**derivation**）の役割をするものがある。

   (18)   涙→涙ぐむ（名詞→動詞）、嬉しい→嬉しがる（形容詞→動詞）、
          甘い→甘み（形容詞→名詞）、大きい→大きさ（形容詞→名詞）

ここまでは、文の構成要素である語をさらに小さい単位にして見てきた。これとは逆に、語と語がまとまった大きな単位を分析することも必要である。語はまとまりを成して**句**（**phrase**）File 5 や**節**（**clause**）File 6 となり、これらがまとまって1つの**文**（**sentence**）File 6 となる。

📖 参考文献

郡司隆男 (2002).『単語と文の構造』東京：岩波書店

鈴木重幸 (1972).『日本語文法・形態論』東京：むぎ書房

寺村秀夫 (1982).『日本語のシンタクスと意味 I』東京：くろしお出版

益岡隆志・仁田義雄・郡司隆男・金水敏 (1997).『岩波講座言語の科学 5 文法』東京：岩波書店

✏️ 練習問題

A. 次の文の文法性または容認度を判断して、必要があれば「*」や「?」を付けなさい。
　(1) まるで子どものようにはしゃいでいた。
　(2) 千代子に子どもがいている。
　(3) その学生がビールを3人飲んだ。
　(4) その学生がビールを3本飲んだ。
　(5) むかしむかし、ある村に背の高い男は住んでいました。
　(6) 近年、その衣装は、地元の人によって着れている。

B. 次の文を、本文中の (17) にならって、形態素に分けなさい。
　(1) シゲノリはやるらしいよ。
　(2) そのとき、直樹が大きな声で叫んだ。
　(3) 次にお会いするのを楽しみにしている。

File 2 ● 語の分類と品詞（1）

■ 語の分類

　語は様々な側面から分類される。伝統的な国語学では、大きな分類として自立語と付属語という区別をする。**自立語**とは単独で使うことが可能な語であり、助詞と助動詞以外を指す。これに対して、**付属語**は単独で使うことはできず、必ず他の語に付いて使われるものである。助詞と助動詞がこれに当てはまる。

　この分け方を語の意味や機能に照らし合わせて捉えると、表1に示すとおり、内容語と機能語という分け方になる。自立語は、具体的な意味をもつ**内容語**（content word）、または**実質語**に相当する。また、付属語はその語自体に意味はなく、文法的な機能を担う**機能語**（function word）ということになる。

表1　語の分類

大きな分類	活用の有無による分類	品詞
自立語／内容語	活用語	動詞、形容詞、形容動詞
	非活用語	名詞、副詞、連体詞、接続詞、感動詞、（指示詞）
付属語／機能語	活用語	助動詞、（判定詞）
	非活用語	助詞

※カッコに入れた指示詞と判定詞の扱いについては、 File 3 のそれぞれの項目を参照

　語の中には活用のある**活用語**と活用のない**非活用語**（または無活用語）がある。たとえば、「降る」という語は、使い方によって「降らない」「降ります」のように語尾が変化する。これを活用 File 20,21 とよぶ。前述の自立語／内容語の中で活用のあるものは、動詞、形容詞、形容動詞で、これ以外の

語に活用はない。また、付属語／機能語で活用があるものは助動詞で、助詞に活用はない。

■品詞

品詞（parts of speech）とは、語を文法的な特徴に基づいて分類したものである。伝統的な分類は、前節の表1に示したようなもので、カッコに入れた指示詞と判定詞を除いて、通常、学校文法 File 1 で取りあげられる。この中で、名詞を**体言**とよび、動詞、形容詞、形容動詞を**用言**とよぶ。用言は、通常、文末に置かれて、文の意味内容の中心を決定する**述語**（predicate）として使うことができる。

以下では、自立語に分類される品詞の基本事項を概観する。ここで取りあげない品詞やいくつかの品詞の詳細は、別のファイルで説明を行う。その一覧を表2に示す。

表2　品詞の詳細に関する該当ファイル

品詞	内容	ファイル	
動詞	成り立ちによる分類	File 3	語の分類と品詞(2)
	文法関係による分類	File 11	動詞(1)
	意味による分類	File 12	動詞(2)
	アスペクトによる分類	File 12	動詞(2)
	活用による分類	File 20	活用(1)
形容詞、形容動詞	活用について	File 21	活用(2)
名詞	形式名詞、数量詞、動名詞	File 3	語の分類と品詞(2)
	再帰代名詞	File 26	照応表現
指示詞、判定詞	種類と特徴	File 3	語の分類と品詞(2)
助動詞	助動詞の分類と特徴	File 16	助動詞(1)
	モダリティ	File 17	助動詞(2)
助詞	助詞の分類と特徴	File 18	助詞
	とりたて	File 19	とりたて

■動詞

動詞（verb）は動作、変化、状態、存在などの出来事を表し、終止形（辞書形またはル形）File 20 の語尾に現れる母音がウとなる語である。(1) に示す「動く」ugoku や「食べる」taberu などはすべて動詞である。なお、動詞の分類や特徴については、表2で指定したファイルで説明する。

(1)　動く、食べる、歩く、さめる、閉まる、見える、できる、ある、持つ、かかわる、違う、する、なる、勉強する、オープンする

■形容詞

形容詞（adjective）は主に事物の性質や状態を表す語で、終止形がイの音で終わる。よって日本語学や日本語教育学では、**イ形容詞**とよばれることもある。たとえば、(2) に示す「辛い」karai や「ない」nai などはすべて形容詞である。しかし、イの音で終わる語がすべて形容詞というわけではない。たとえば、「きれい」はイの音で終わっているが、形容動詞である。

(2)　辛い、高い、悪い、新しい、難しい、美しい、ない

形容詞には、限定用法と叙述用法がある。**限定用法**（attributive use）とは、(3) に示すように名詞などの体言を修飾する用法のことである。また、**叙述用法**（predicative use）とは、(4) に示すように、単独で述語となる用法である。

(3)　辛いラーメン、新しい教科書
(4)　そのラーメンは辛い。

意味的な側面から、形容詞を2つに分けることがある。その1つは (5) に

示す**属性形容詞**で、これらは、事物の属性を客観的に表す。もう1つは(6)の**感情形容詞**で、こちらは、主観的な感情や感覚を表すものである。

　(5)　　高い、大きい、細い
　(6)　　ほしい、楽しい、うれしい

■形容動詞

　形容動詞も形容詞と同じく、事物の性質や状態を表す。しかし形容詞とは異なり、終止形が「だ」または「です」で終わる。(7)に示す語はすべて形容動詞である。

　(7)　　素直だ、静かだ、きれいだ、あさはかだ

形容動詞にも(8)に示す限定用法と(9)に示す叙述用法がある。限定用法の場合、活用語尾がナの音で終わることから、形容動詞を**ナ形容詞**とよんで、前出のイ形容詞と区別する。

　(8)　　素直な社長、きれいな扉、あさはかな考え
　(9)　　社長は素直だ。

　形容動詞に関しては、形容動詞という分類自体を認める立場と認めない立場がある。認めない場合は、意味的な特徴が形容詞と同じなので、形容詞として扱うことが多い。また、「素直」+「だ」のように、名詞に「だ」(判定詞) **File 3** が付いたものと分析をすることもある。

■名詞

　名詞(**noun**)は主に事物の名称を表す。これには、具体的なものだけでな

く、抽象的な概念も含まれる。名詞は、文の中でトピック File 19 や主語あるいは直接目的語など File 10 になり、「だ」や「です」を伴って文の述語にもなる。(10)にあげたものは、**固有名詞**で、これらは指示対象との間に1対1の関係が成り立つものである。これに対して(11)にあげた名詞は、個々の事物に対しての総称である。これを**一般名詞**とよぶ。また、(12)の語は**代名詞**で、この中で人を表すものを**人称代名詞**、物を表すものを**指示代名詞**とよんで区別する。

(10) 群馬県、横田秀樹、コカコーラ、上賀茂神社、ルンバ
(11) 机、山、めがね、労働、チャンピオン、静寂、嵐、欲望
(12) 私、僕、お前、彼ら、自分、これ、あそこ、どっち

■副詞

副詞（adverb）とは、動作や状態に関しての様態や程度を表す語である。用言や節、または文全体を修飾する。意味や機能から、以下の3つに分けることが多い。

(13) ゆっくり、ぐっすり、ほのぼのと、ギャーギャー（と）
(14) とても、よく、たくさん、ずっと、けっこう、少し、もっと
(15) きっと、まさか、まるで、いったい、ぜひ、少しも、めったに

(13)に示したものは**様態副詞**とよばれ、動作や状態の説明をする。この中には、擬音語や擬態語などのオノマトペも多く含まれる。(14)は**程度副詞**で、量や度合いを表す。(15)は**陳述副詞**というもので、話し手の気持ちを強調したり何らかの意味を付加したりして、別の語と呼応する。たとえば、「少しも」や「めったに」は否定の「ない」と呼応する。

■連体詞

　連体詞（**attribute**）とは、常に名詞を修飾する語のことを指す。名詞を修飾することを連体修飾というので、この名称が使われる。名詞を修飾する代表的な語は形容詞があるが、連体詞は形容詞とは異なり活用がない。代表的な例を（16）にあげる。

　（16）　いわゆる、さる、あくる、微々たる、この、その、あの、どの

この中で「この」、「その」などは指示詞にも分類される。指示詞の詳細は File 3 で扱う。

■接続詞

　接続詞（**conjunction**）は（17）に示したような語で、それが使われる文と前の文との関係を表す。接続詞は自立語で、（18）のように、文の始めに使う。これに対して、付属語である接続助詞（19）や並列助詞（20） File 18 は文や節の最後に付く。

　（17）　それで、しかし、ゆえに、ところが、つまり、さて
　（18）　次郎の頭はでかい。しかし、足は小さい。
　（19）　次郎の頭はでかいが、足は小さい。
　（20）　弁当とビールが必要だ。

■感動詞

　感動詞（**interjection**）、または**間投詞**とは、1語だけで感情を表したり、相手に対する反応を示したりする語である。（21）に示す例のほか、挨拶の表現（22）なども感動詞に含める。

(21) あー、おっと、へー、はい、いいえ、なるほど、さあ
(22) こんにちは、じゃ、おはよう、もしもし

参考文献

寺村秀夫 (1982).『日本語のシンタクスと意味Ⅰ』東京：くろしお出版
益岡隆志・田窪行則 (1992).『基礎日本語文法―改訂版―』東京：くろしお出版
渡辺正数 (1978).『教師のための口語文法』東京：右文書院

練習問題

A. 次の語に関して、自立語か付属語かの区別をし、さらに活用語か非活用語かを特定しなさい。
   助ける、を、土瓶、愛おしい、れる、とても、だが、リッチだ

B. 次の文で下線を引いた語の品詞を特定しなさい。
   (1) この本は僕のと違う。
   (2) つまり、論理に飛躍があるから、この論文は価値がないのだ。
   (3) 屋根が白く扉が緑の家は、門田さんが買いました。
   (4) いわゆる卒業旅行に行くそうだ。しかし、豪華な旅は望めないだろう。

File 3 ● 語の分類と品詞（2）

■ **特別な動詞：動詞の成り立ちによる分類**

　多くの動詞は、「遊ぶ」、「話す」、「努める」のように、もとから1つの語として成立している。これに対して、下記の (1) と (2) に示す動詞は、2つの語からできている。このように2つ以上の語から成る動詞を**複合動詞**とよぶ。

(1)　書き示す、走り去る、持ち上げる（動詞＋動詞）
(2)　心得る、旅立つ（名詞＋動詞）

(1) は動詞が2つ連なった形で、(2) は名詞と動詞から成る複合動詞である。また、以下 (3) と (4) に示す動詞は、動詞に語以外のものが付いてできている。これを**派生動詞**とよぶ。

(3)　近寄る、遠のく（形容詞の語幹＋動詞）
(4)　たなびく、ひた隠す（接頭辞＋動詞）

(3) は形容詞「近い」や「遠い」の語幹 File 20 である「近」や「遠」が使われ、(4) は接頭辞 File 1 の「た」や「ひた」が動詞に付いている。
　動詞本来の意味を失って、他の語に付いて補助的に用いられる動詞を**補助動詞**とよぶ。たとえば、(5) に示した下線部はすべて補助動詞である。

(5)　魚で<u>ある</u>、食べて<u>いる</u>、食べて<u>みる</u>、触って<u>ください</u>、与えて<u>やる</u>
(6)　魚がある、魚がいる、魚を見る、魚を下さい、魚をやる（あげる）

これらの補助動詞は、用言に付いて補助的に使われるという点では、助動詞と同じだが、補助動詞の特徴は、(6)に示したような動詞としての本来の用法が存在することである。また、補助動詞は生産的に使うことができる。たとえば補助動詞の「みる」は、(7)に示すように多くの動詞に付くことができる。これに対して上述の複合動詞の場合は、(8)のようにその組み合わせが限られている。

(7) 書いてみる、食べてみる、走ってみる、読んでみる（補助動詞）
(8) 書き示す、*食べ示す、*走り示す、*読み示す（複合動詞）

補助動詞と同じように、他の語に付いて補助的に用いられる動詞に「する」がある。この場合も、(9)～(12)に示すように、「する」の本来の意味は失われており、これは**軽動詞**（light verb）または**形式動詞**とよばれる。

(9) 練習する、接触する、暴飲する（漢語＋する）
(10) スポーツする、ハグする、プリントする（英語＋する）
(11) 口答えする、駆け引きする（和語＋する）
(12) つやつやする、すべすべする（擬態語＋する）

意味の中心を担っているのは、軽動詞の直前部分であり、ここには(9)の漢語や(10)の英語のように、外来語が多く用いられる。しかし、(11)のような和語も使われることから、外来語に限られるわけではないことがわかるだろう。さらに、(12)のように擬態語に付くこともある。

■ **特別な名詞**

名詞は、基本的に事物の名称を表す語だが、名詞の中には、(13)と(14)の下線で示したような実質的な意味内容をもたず、常に他の語と結びついて

使用されるものがある。これを**形式名詞**とよぶ[※2]。

 （13）　行った<u>こと</u>はあるが、もう一度行く<u>の</u>が楽しみだ。
 （14）　今、やろうとしていた<u>ところ</u>だ。

「こと」、「の」、「ところ」は、形式名詞の代表的なものであり、「こと」と「の」は入れ替えが可能な場合も多い。この他にも、（15）に下線で示したような語は、意味内容はもっているが、形式名詞と捉えられている。

 （15）　そのホテルに泊まった<u>とき</u>は、停電の<u>ため</u>、暗くならない<u>うち</u>に、寝た<u>はず</u>だ。

　名詞の中でも数や量を表す名詞を**数量詞**または**数量名詞**とよぶ `File 25`。量を表す（16）のような語や1や2などの数を含む（17）のような語がある。

 （16）　多く、多少、少々、いくらか、全部
 （17）　1つ、2本、3匹、4冊、5枚、6回、7番、8秒、9ドル、10倍

　数の後に付く「つ」や「回」などは、数える対象によって何を使うかが決まっている。これらの中には、物の種類を表す類別辞と、単位を表す単位辞があり、いずれも**助数詞**（numeral classifier）とよばれる。
　「特別な動詞」の項目で、軽動詞について触れた。（9）〜（12）に示した「する」が軽動詞であるが、これらの例から軽動詞の「する」をとると、（18）に下線で示す語が残る。これを**動名詞**（verbal noun）とよび、名詞の中でも特別な分類をすることがある。動名詞には、（19）に下線で示すような幼児語もある。

※2　（13）のような用法の「の」に関しては、特別に準体助詞と分類することもある `File 18`。

(18)　練習する、ハグする、駆け引きする
(19)　ねんねする、はいはいする

動名詞と軽動詞には、目的語と他動詞のような関係が成り立つものも多い。この場合、(20)のように格助詞の「を」を補うことが可能である。しかし、(21)からわかるように、これはすべての動名詞と軽動詞に当てはまるわけではない。

(20)　練習をする、スポーツをする、口答えをする
(21)　?落下をする、?沈没をする、?ブレークをする

■指示詞

表1に示すような、いわゆる「コソアド」の語を**指示詞**（demonstrative）とよぶ。指示詞は自立語で活用はない。これらの語は、指し示す対象が話者と聞き手から見て、どのような位置関係にあるのかを示す。

表1　指示詞

品詞	近称	中称	遠称	不定称
代名詞（事物）	これ	それ	あれ	どれ
代名詞（場所）	ここ	そこ	あそこ	どこ
代名詞（方向）	こちら こっち	そちら そっち	あちら あっち	どちら どっち
形容動詞	こんな	そんな	あんな	どんな
副詞	こう	そう	ああ	どう
連体詞	この	その	あの	どの

たとえば、「これ」が指す物は、話者からは近く、聞き手からは遠い。これを近称という。中称の「それ」は、この逆で、話者からは遠いが、聞き手の近くにある物を指す。「あれ」は、遠称といい、話者からも聞き手からも遠

いものを指す。不定のものを指すときは、不定称（疑問称）の「どれ」を使う。なお、ここで言う、近いとか遠いというのは、絶対的な距離ではなく、話者と聞き手の相対的な位置関係であり抽象的な空間も含む。このような話者と聞き手の位置関係における指示詞の用法を**現場指示**という。これに対して、指示詞が文脈の中の特定要素を指す場合を**文脈指示**という。

　表1にも示したとおり、指示詞は様々な品詞の集まりである。その点では、品詞分類 File 2 の中では異質なものだといえる。

■判定詞

　学校文法では助動詞として扱われる「だ」は、特別に**判定詞**または**コピュラ**（**copula**）という分類が与えられることがある。(22) に示すように、「だ」の他に、丁寧体の「です」と主に書き言葉に使う「である」を判定詞に含める。これらは付属語で活用がある。

　（22）　本だ。本です。本である。

判定詞の活用形には、(22) の形とはかけ離れたものがある。たとえば、「だ」の連体形には (23) のような「の」や「な」があり、未然形には「じゃ」などがある。判定詞の活用については File 21 で詳細に扱う。

　（23）　警官の白塚さん、ピザなのだ、嘘じゃない

📖 参考文献

影山太郎 (1993).『文法と語形成』東京：ひつじ書房

益岡隆志・田窪行則 (1992).『基礎日本語文法―改訂版―』東京：くろしお出版

由本陽子 (2005).『複合動詞・派生動詞の意味と統語―モジュール形態論から見た日英語の動詞形成―』東京：ひつじ書房

渡辺正数 (1978).『教師のための口語文法』東京：右文書院

Tsujimura, Natsuko. (2014). *An introduction to Japanese linguistics, 3rd edition.* Hoboken, NJ: Wiley-Blackwell.

練習問題

A. 次の語の下線部は、鍵カッコに示した動詞のうちどれにあたるか答えなさい。［複合動詞、派生動詞、補助動詞、軽動詞］

療養<u>する</u>、食べ<u>歩く</u>、走<u>っている</u>、<u>ひた</u>走る、踊って<u>みる</u>

B. このファイルで扱った分類によって、次の文の下線を引いた語の品詞を特定しなさい。
（1）神様に<u>1</u>つ<u>だけ</u>お願い<u>した</u>。
（2）<u>どの</u>人の話が白畑さん<u>の</u>より面白かったか聞いて<u>みた</u>。
（3）バカ<u>じゃ</u>ないと言われた<u>こと</u>が耐え難い。
（4）この本を<u>読み始める</u>前は、<u>落胆</u>していた。

File 4 ● 統語範疇

■統語範疇

　言語学では、語がもつ文法的な特性をもとにした語の分類を行う。その分類に基づくクラスのことを**統語範疇・統語カテゴリー**(syntactic category)、または**文法範疇・文法カテゴリー**(grammatical category)とよぶ。代表的な統語範疇には(1)に示すものが含まれ、カッコ内に示した略語で表されることが多い。

(1)　名詞(N)、動詞(V)、形容詞(A)、前置詞・後置詞(P)、副詞(Adv)、決定詞(Det)、助動詞(Aux)、補文標識(C/Comp)

　統語範疇が品詞分類 File 2, 3 と異なる点が2つある。1つは、日本語だけではなく世界中の言語を視野にいれた分類を行っていることである。よって日本語だけに見られるような独自のクラスは設けない。もう1つは、統語範疇は語が句や文を形成するときの特徴に目を向けていることである。語という小さな単位だけでなく、もっと大きな単位である句や文 File 5, 6 を形成するときの特徴をもとに語を分類する。

■名詞・動詞・形容詞

　統語範疇を特定化する際に重要なことは、語の意味的な特徴だけでなく、語の分布的な特徴も基準とすることである。表1はこれら2つの側面から名詞、動詞、形容詞を捉えたものである。以下では、分布による特徴を見ていく。
　分布(distribution)とは、ある語が、他のどの語と一緒に現れるのかとい

う**共起**（co-occurrence）を見ることで調べられる。ここでは、わかりやすいように、英語と日本語を対比して見ていこう。

表1　英語と日本語の名詞、動詞、形容詞の特徴

	分布的な特徴		意味的な特徴
	英語で共起する語	日本語で共起する語	英語／日本語
名詞 (N)	the, this などの決定詞	「この」、 「その」などの決定詞、 「が」や「を」などの格助詞	存在物、概念
動詞 (V)	時制を表す -ed や アスペクトを表す -ing	時制を表す「－た」や アスペクトを表す「－ている」	出来事 （動作や状態）
形容詞 (A)	very, too などの 程度を表す語	「とても」、 「もっと」などの程度副詞、 時制を表す「－た」	性質、特性

名詞（noun）は決定詞と共起する。**決定詞**（determiner）とは、英語では不定冠詞の a や定冠詞の the などで、日本語では指示詞の「この」、「その」、「あの」、「どの」などである。(2) で下線を引いた語は、これらの決定詞と共起するので名詞だと考えられる。一方、(3) の下線部は決定詞と共起しない。よって、これらは名詞ではないということになる。

(2)　a book, the difference, この本、その違い、あの女の子、どの工事
(3)　*a beautiful, *the in, *この食べる、*そのきれい、*あのから

日本語の名詞は、決定詞以外にも格助詞の「が」や「を」 File 8 と共起したり、「A と B」という形で並列助詞 File 18 を使って並べたりすることができる。「が」や「を」などの格助詞と共起する場合は (4) のように、格助詞が名詞に後続する要素となる。以下に示す (4) の語は「が」と共起するが、(5) の語は共起しない。よって、(2) や (3) と同じ結果が得られる。

(4)　本が、違いが、女の子が、工事が

(5)　*<u>食べる</u>が、*<u>きれい</u>が、<u>から</u>が

　動詞（**verb**）の場合、時制やアスペクトを伴うことができる。(6)に示すように、英語では -ed や -ing など、日本語では「－た」や「－ている」を付けることができる[※3]。名詞にこれらの語を付けると(7)のような形になってしまう[※4]。

(6)　<u>talked</u>, <u>walking</u>, <u>話した</u>、<u>走っている</u>
(7)　*<u>本</u>た、*<u>違い</u>ている

一方、「た」の付く語がすべて動詞かというと、そうではないことに注意したい。下記(8)に示した語は形容詞である。

(8)　<u>高</u>かった、<u>白</u>かった

日本語の形容詞は時制を表す「た」と共起するのである。
　形容詞（**adjective**）は、英語でも日本語でも**程度副詞** File 2 と共起する。程度副詞とは、(9)に示したような英語の very, too, more などで、日本語では「とても」や「もっと」などがこれに相当する。これらの語と(9)の下線部は共起するが、(10)の下線部は共起しない。

(9)　very <u>high</u>, more <u>beautiful</u>, とても<u>高い</u>、もっと<u>美しい</u>
(10)　*とても<u>話した</u>、*もっと<u>工事</u>

よって、(9)の語は形容詞で、(10)の語は形容詞ではないということになる。

※3　「－ている」が付かない動詞に関しては File 12 で扱う。
※4　(7)の「違いている」は「違い」という名詞に「－ている」を付けたもので、「違う」という動詞に「－ている」を付けると「違っている」という正しい形が得られる。

File 4 ● 統語範疇

　前に述べたように、日本語の形容詞は時制を表す「た」と共起する[※5]。この点で、日本語の形容詞は英語の形容詞とは異なる特徴をもつと言えるが、もう1つ日本語の形容詞には特別なことがある。それは形容動詞の存在である File 2 。形容動詞も(11)の下線部のように、程度副詞と共起し、(12)の下線部のように時制を表す「た」とも共起する。よって、日本語の形容動詞は統語範疇では形容詞とすることが多い。

　（11）　とても<u>静かだ</u>、もっと<u>きれいだ</u>
　（12）　<u>静かだった</u>、<u>きれいだった</u>

その一方で、形容動詞には名詞的な特徴もある。(12)で時制を表す「だった」は、(13)のように名詞に付く判定詞と同じ形である。

　（13）　本だった、佐藤だった

実際、形容動詞を認めず、これを「名詞＋だ」の形だとする立場もある。しかし、形容動詞の場合は(14)に示すような連体形に「な」という活用語尾があり、この点で(15)に示す名詞とは異なる。

　（14）　静かな湖畔、きれいな風景
　（15）　*本な図鑑、*佐藤な男

また、形容動詞から「な」をとった形（たとえば「静か」）は名詞とは異なり、事物の性質や特性を表す。このように日本語に見られる2種類の形容詞（形容詞と形容動詞）は、ともに名詞を修飾するので形容詞の統語範疇に入れられるが、英語の形容詞とは共起に関する特徴が大きく異なる。

※5　しかし、形容詞はアスペクトを表す「ーている」とは共起しない。

■ その他の統語範疇

　ここでは、名詞、動詞、形容詞以外の統語範疇について簡単に説明を加える。英語で**前置詞**（**preposition**）とよばれる in や from などは、日本語では「で」や「から」に相当し、(16) に示すように名詞の後にくる。よって、これらは**後置詞**（**postposition**）とよばれる。

(16)　部屋で、アメリカから

　助動詞（**auxiliary verb**）は、動詞に時制 File 13 、アスペクト File 14 、モダリティ File 15 などの意味や機能を加えるもので、英語では be, do, have, can, must, could などが含まれる。日本語の助動詞は「そうだ」、「だ」、「られ」など、すべて付属語で活用語である。（助動詞の詳細は File 16, 17 で扱う。）統語理論によっては、この範疇を**屈折辞**（**Inflection / INFL**）とよんで、その中身をさらに細かく**時制**（**tense**）や**一致**（**agreement**）などに分けることもある。

　補文標識（**complementizer / COMP**）は、文の中に他の文（節）を埋め込む時、それを導入する語として使われる。(17) の文における that や (18) の文における if がこれにあたり、日本語ではそれぞれ (19) と (20) に示した「と」や「か」という助詞にあたる File 18 。

(17)　I think that he is intelligent.
(18)　I can't decide if I should go.
(19)　私は彼が知的だと思う。
(20)　僕は自分が行くべきか決断できない。

　これまで見てきた統語範疇は、大きく2つにまとめることができる。その1つは**語彙範疇**（**lexical category**）で、名詞、動詞、形容詞、前置詞・後置詞、副詞がこの分類に含まれる。これらの語は、具体的な意味をもち、新

しい語が追加されたり、時代や地域によって変化したりすることがある。もう1つは**機能範疇**(functional category)である。ここには、主に文法的な役割を担う決定詞、助動詞、補文標識などが含まれる。これらの語は、具体的な意味に乏しく、新しい語が加わったり、時代や地域によって変化したりすることもあまりない。

参考文献

岸本秀樹 (2009).『ベーシック生成文法』東京：ひつじ書房

O'Grady, William, Archibald, John, Aronoff, Mark, and Rees-Miller, Janie. (2009). *Contemporary linguistics: An introduction, 6th edition.* New York, NY: St. Martin's.

Radford, Andrew. (1988). *Transformational grammar: A first course.* Cambridge: Cambridge University Press.

Tsujimura, Natsuko. (2014). *An introduction to Japanese linguistics, 3rd edition.* Hoboken, NJ: Wiley-Blackwell.

練習問題

A. 次の文で、下線を引いた語の統語範疇を答えなさい。
 (1) その女優のインタビューを見た。
 (2) 突然、大きな音が隣家から聞こえた。
 (3) 孝司はとても高い首輪を買ったらしい。
 (4) その小説の面白さがわかったと言った。

B. 次の語と「この」および「ーた」との共起を示して、それぞれの語が名詞か動詞かを答えなさい。
 (1) 空想　　(2) 閉める　　(3) 見る　　(4) 甘み

File 5 ● 句構造と階層性

■ 句範疇

　語は通常1語だけでは機能しない。他の語とまとまりを成し、これがさらに、同じような別のまとまりと組み合わさることで、最終的に文が作られる。このような文を作るときのまとまりの単位を**句**（phrase）とよぶ。句には中心となる語が、必ず1つだけある。たとえば、下記の例では下線を引いた語が中心となる語である。

(1)　　その<u>男</u>　　　　（名詞句）
(2)　　とても<u>大きい</u>　（形容詞句）
(3)　　ケーキを<u>作った</u>　（動詞句）

(1)と(2)では、それぞれ「男」と「大きい」が中心的な語であり、「その」や「とても」は修飾語の役割をしている。また(3)の句は、「作った」という語があってはじめてその対象となる「ケーキ」の存在が示唆されるので、「作った」が中心となる語である。このような句における中心的な語を**主要部**（head）とよぶ。そして、その主要部の統語範疇 File 4 がその句の範疇、すなわち**句範疇**（phrasal category）となる。よって、(1)～(3)は、それぞれ**名詞句**（noun phrase）、**形容詞句**（adjectival phrase）、**動詞句**（verb phrase）ということになる。
　句構造（phrase structure）は、(4)のような**樹形図**（tree diagram）によって視覚的に示すことができる。

(4)
```
       NP
      /  \
    Det   N
     |    |
    その   男
```

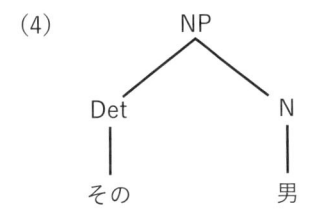

この例では、主要部の「男」に対して、「その」は**従属詞**(**dependent**)で、この関係を**依存関係**(**dependency**)とよぶ。句範疇の名称と語の統語範疇は、表1に示す英語の略語を使って表す。また、(4)の樹形図の情報は、(5)のような鍵カッコ表記でも表すことができる。

(5)　[NP[Det その][N 男]]

この場合、鍵カッコの1つ1つが、語と句を示し、鍵カッコの先頭に、語や句のカテゴリー名が下付き文字で示される。

表1　統語範疇と句範疇の表記

範疇	表記
統語範疇	N (noun)：名詞
	A (adjective)：形容詞
	V (verb)：動詞
	P (postposition/preposition)：後置詞または前置詞
	Det (determiner)：決定詞
句範疇	NP (noun phrase)：名詞句
	AP (adjectival phrase)：形容詞句
	VP (verb phrase)：動詞句
	PP (postpositional/prepositional phrase)：後置詞句または前置詞句

■句と文の構造

　句は別の語とまとまりを成して、さらに大きな句となる。たとえば、(6)の名詞句は「奇跡の」と「リンゴの」と「タルト」が組み合わさってできているが、この名詞句には2通りの解釈があることに気づくだろう。

　(6)　奇跡のリンゴのタルト

1つは、「奇跡のリンゴ」でできたタルトという意味である。もう1つは、「奇跡のタルト」がリンゴでできているという解釈である。この2つの解釈は、(6)では区別できない。しかし(7)の樹形図で表すと、2つの解釈がどのような語句の依存関係に基づいたものなのかが見てとれるだろう。

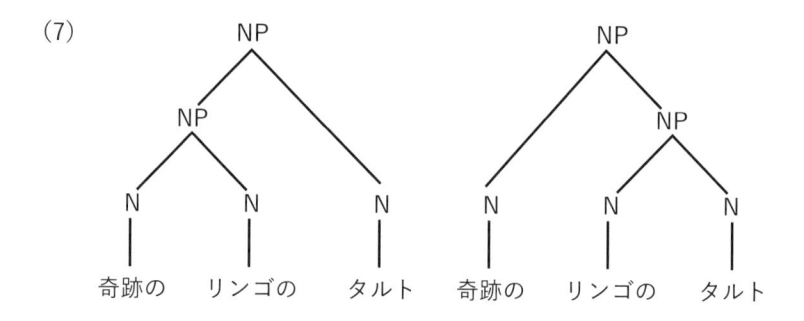

(7)

```
        NP                          NP
       /  \                        /  \
      NP   \                      /   NP
     /  \   \                    /   /  \
    N    N   N                  N   N    N
    |    |   |                  |   |    |
   奇跡の リンゴの タルト         奇跡の リンゴの タルト
```

左の樹形図では、「奇跡の」と「リンゴの」が依存関係になっている。これが名詞句を成し、さらに「タルト」という名詞と結びついて大きな名詞句となっている。これに対して右の樹形図では、「リンゴの」と「タルト」が依存関係にあり、この名詞句を「奇跡の」が修飾している。よって、「奇跡の」は「リンゴのタルト」という名詞句全体を修飾して、さらに大きな名詞句の一部となっている。

　2つ以上の語や句は一度に発することはできないので、そこには必然的に順番が生まれる。この順番とは時間の経過であり、これが樹形図に横の関係

で示される。これを**線的順序**（**linear order**）という。これに対して、樹形図に表される縦の関係を**階層構造**（**hierarchical structure**）とよぶ。

次に、文の構造を見ていこう。語や句によって文は作られるが、これらの文を構成する単位は**構成素**（**constituent**）とよばれる。(8)は他動詞を含む日本語と英語の文の樹形図で、ここではすべての構成素に1つずつラベル（S, NP, VP, N, V）が付けられている。

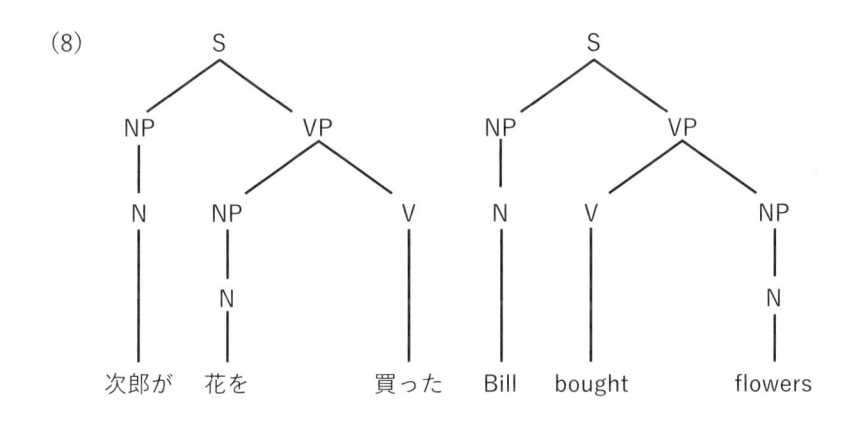

(8)

```
        S                        S
      /   \                    /   \
     NP    VP                 NP    VP
     |    /  \                |    /  \
     N   NP   V               N   V    NP
     |   |    |               |   |    |
     |   N    |               |   |    N
   次郎が 花を 買った         Bill bought flowers
```

一番大きな単位が文（S）であり、文（S）は主語となる名詞句（NP）と動詞句（VP）から構成されている。主語の名詞句（NP）は名詞（N）から、動詞句（VP）は直接目的語となる名詞句（NP）と動詞（V）から、さらに直接目的語の名詞句（NP）は名詞（N）から構成されている。日本語と英語で異なるのは、動詞句内の直接目的語と動詞の線的順序だけである。日本語の場合は、直接目的語の後に動詞がくる**主要部後置型**（**head-final**）だが、英語は直接目的語の前に動詞がくる**主要部前置型**（**head-initial**）である。

(8) に示した文は、主語、直接目的語、動詞から成る基本的な文である。日本語で「買った」という動詞は他動詞 File 11 なので、主語と直接目的語が文に現れる。このように動詞が意味的に要求する項 File 7 の中でも、主要部（この場合は動詞 V）を補うものを**補部**（**complement**）という。(8) および以下の (9) の例では、直接目的語の「花を」が動詞の補部ということにな

る。これに対して、(9) の「東京で」は補部ではない。これは動詞「買った」の必須要素ではないからだ。このように主要部の必須要素でないものは、**付加部**（adjunct）とよんで、補部と区別する。

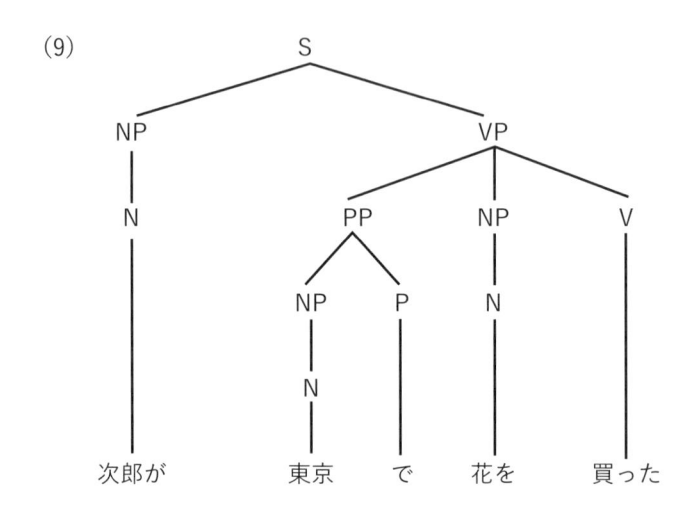

(9)
```
              S
          ／      ＼
        NP         VP
        │      ／  │  ＼
        N     PP   NP   V
        │    ／＼   │    │
        │   NP  P   N    │
        │   │        │    │
        │   N        │    │
        │   │        │    │
       次郎が 東京  で   花を  買った
```

■ **文節**

　最後に、構成素と文節の違いについて簡単に触れておこう。学校文法では、文に**文節**という単位を当てはめて、文の中のまとまりを捉えてきた。文節とは、文を区切ったときに意味が通じる最小の単位であり、下記の (10) は (11) に示すような文節に分けることができる。

　(10)　京都で雪が降るのは、めずらしいことではありません。
　(11)　京都で／雪が／降るのは／めずらしいことでは／ありません。

国語教育では、助詞の「ね」を付けて区切ったときに不自然にならないのが、文節であると教えられることも多い。よって (11) のスラッシュの部分を「ね」に置き換えて発話してみると文節を意識的に捉えることができる。

しかし、この文節という単位は、線的順序にしたがって文の区切りを見ようとしているだけであって、文の構成要素の単位を捉えようとしているわけではない。よって、構成素と文節で一致する部分もあるかもしれないが、文節には、語や句構造を示す単位の表示や句同士の結びつきを示す表示はない。

参考文献

長谷川信子（1999）.『生成日本語学入門』東京：大修館書店

渡辺明（2009）.『生成文法』東京：東京大学出版会

O'Grady, William, Archibald, John, Aronoff, Mark, and Rees-Miller, Janie. (2009). *Contemporary linguistics: An introduction, 6th edition.* New York: St. Martin's.

Radford, Andrew. (1988). *Transformational grammar: A first course.* Cambridge: Cambridge University Press.

練習問題

A. 以下に示す句の句範疇を特定しなさい。

   かなり渋い、ぜんぜん違う、安い本、ケーキを食べた、全く同じ

B. 本文中の (8) の例にならって、次の文の樹形図をかきなさい。
   (1) 真美が新聞を読んだ。
   (2) 吉田が転んだ。

File 6 ● 文の種類

■述語による分類

このファイルでは、日本語の文を様々な角度から分類する。まず、述語 File 2 の種類によって分けてみよう。表1が示すように、日本語の文は述語によって大きく3つに分けることができる。

表1　述語の種類による文の分類

	普通体	丁寧体
動詞文	僕が買うよ。	僕が買いますよ。
形容詞文	この本は高いね。	この本は高いですね。
名詞文	この本だ。	この本です。

述語に動詞が使われる文を**動詞文**（verbal sentence）とよぶ。同じように、述語が形容詞の場合を**形容詞文**（adjectival sentence）とよび、名詞＋「だ」の場合を**名詞文**（nominal sentence）とよぶ。表の中では普通体と丁寧体 File 27 で文例を示した。

動詞文と形容詞文は、それぞれ動詞と形容詞で言い切ることもあるが、多くの場合、助動詞や助詞が後に続く。また、名詞文は通常「だ」や「です」などの判定詞が名詞と共に使われる。形容詞文も丁寧体の場合は「です」を伴うので、名詞文の丁寧体と文末の形が同じになることに注意したい。

これらの文を過去形（またはタ形）File 13, 20 にすると、過去を表す助動詞「た」File 16 が使われる。このとき、形容詞文の丁寧体では下記(1)のように、形容詞を過去形にしたうえで、判定詞の辞書形（またはル形）「です」を続ける。判定詞を過去形にした(2)や(3)は許されない。

(1)　この本は高かったですね。
(2)　*この本は高いでしたね。
(3)　*この本は高かったでしたね。

　ここまで、動詞文、形容詞文、名詞文を見てきたが、(4) に示すように述語に形容動詞が使われる場合もある（過去形をカッコの中に示した）。

(4)　静かだ。（静かだった。）／静かです。（静かでした。）

上記の例文からもわかるとおり、形容動詞の場合は普通体も丁寧体もすべて名詞文と同じ形になる。よって、形容動詞を述語にもつ文は、名詞文の1つと捉えることが多い。

■機能による分類

　文はその機能や伝達の目的によって、平叙文、疑問文、否定文に分けることができる。**平叙文**（declarative sentence）は、文法的にはもっとも基本的な形だと考えられる。平叙文に疑問の終助詞「の」や「か」File 18 を加えることで、(5) に示すような**疑問文**（question）ができる。また、否定の語を使うことで (6) のような**否定文**（negative sentence）を作ることができる（丁寧体をカッコの中に示した）。

(5)　その本を読むの。（その本を読みますか。）
(6)　その本を読まない。（その本を読みません。）

　日本語の疑問文は平叙文の語順と変わらない。これは、(7) のような**疑問詞**（interrogative）を使用した **wh 疑問文**（wh-question）の場合も同様である。

(7)　君は何を読むの。

(8)　　What will you read ＿ ?

英語では、wh 疑問詞を使用した疑問文の場合、wh 疑問詞を必ず文頭に置かなくてはならない。よって (7) に対応する英語の文 (8) では、直接目的語の位置にあった what が文頭に移動すると捉えられる。これに対して、日本語ではその必要はなく、本来の位置に留まることが多い[※6]。

　文を機能に関して分類する場合、平叙文、疑問文、否定文の他に、**命令文**、**感嘆文**、**呼びかけ文**を加えることもある。これらの文の表現形式は複数存在するが、(9) にそれぞれの例を示しておく。

(9)　　命令文：その本を読めよ。
　　　　感嘆文：なんと面白い本だろう。
　　　　呼びかけ文：おい、ちょっと。

■複雑さや節の特徴による分類

　述語を中心としたまとまりを**節**(clause)とよぶ。1 つの節がそのまま文となることも多い。このような文を**単文**(simple sentence)という。また、2 つ以上の節からできている文には、節の関係が並列的に並べられた**重文**(compound sentence)と節の中に別の節が含まれた**複文**(complex sentence)がある。これらの例を以下 (10) 〜 (12) に示す。

(10)　高木は来た。(単文)
(11)　高木は京都へ行き、三島は東京に行った。(重文)
(12)　私は高木は来たと思う。(複文)

※6　このことを指して wh in-situ とよぶ。in-situ は「イン・スィトゥ」と発音し、ラテン語で「本来の場所に」という意味である。

複文は文の大枠となっている**主節**(main clause または matrix clause)とそれ以外の**従属節**(subordinate clause)から成る。上記(12)の例では、「高木は来た」という節が、文の大枠となる別の節「私は…と思う」に埋め込まれた形をしている。このような従属節を特に**埋め込み節**(embedded clause)とよぶ。

埋め込み節には、「と」や「よう(に)」を使って引用的な内容を表すものの他に、「の」や「こと」を使って名詞節を埋め込むタイプの(13)、また、名詞句を修飾する関係節(連体修飾節) File 24 の(14)などがある。

(13) 高木が来たのは、偶然だった。
(14) 高木が買った本

■様々な構文

文を構造と意味・機能の対応関係に関して分析すると、特定のパターンを見いだすことができる。その中でも、特に際だった文法的特徴や制約をもつ文を**構文**(construction)として捉えることがある。構文とは一般的には、型(文型)を指し「〜文」とか「〜構文」とよばれることが多い。ここでは、日本語でしばしば構文として捉えられるものを選んで表2に示した。それぞれの構文の詳細については、該当するファイルを参照されたい。

表2 様々な構文と該当ファイル

構文	文例	ファイル	
多重主格構文	女性が平均寿命が長い。	File 9	格(2)
存在文	東京に娘がいる。	File 9	格(2)
所有文	加藤さんには娘がある。	File 9	格(2)
二重目的語構文	部長が上田に阿部君を紹介した。	File 10	文法関係
与格主語構文	原田さんにお金が要る。	File 10	文法関係
結果構文	浜田は皿を粉々に壊した。	File 11	動詞(1)
受身文	春子がその記者にいじめられた。	File 22	受動態
使役文	五郎はジュンを東京に行かせた。	File 23	使役
授受表現	白井が黒田に飴をあげた。	File 27	授受表現と待遇表現

参考文献

柴谷方良（1978）.『日本語の分析』東京：大修館書店

Jorden, Eleanor, with Noda, Mari. (1987). *Japanese: The spoken language part 1.* New Haven, CT: Yale University Press.

練習問題

A. 次の文を述語によって分類する場合、動詞文、形容詞文、名詞文のどれに該当するか答えなさい。
（1）今日はいい天気ですね。
（2）吉村先生のコメントは厳しいなあ。
（3）君の本と僕のは同じだね。
（4）その子どもは無理やりピーマンを食べさせられた。

B. 次の文が単文、重文、複文のどれに相当するか答え、複文の場合は主節と従属節を特定しなさい。
（1）昨日は雨で、一昨日は雪だった。
（2）一郎はもうダメかもしれないと思った。
（3）最後まで成し遂げるべきでしょう。
（4）僕は、須田君がいつ静岡に行くのか知らない。

File 7 ● 意味役割

■ **意味役割**

　文は状況や出来事を表す。これに関わる人や物を**参与者**（participant）という。参与者は通常、名詞句によって表されるが、その名詞句に与えられる意味を規定したものが**意味役割**（thematic role または semantic role）である[※7]。ここでの「意味」というのは、辞書的な意味ではなく、文が表す状況において参与者が担う意味のことである。意味役割の代表的なものとして、表1に示した6つがあげられる。

表1　主な意味役割

意味役割の名前	参与者の役割
動作主（agent）	動作を起こす主体
被動作主（patient）	動作主によって影響を受ける人や物
主題（theme）	出来事の中心的対象となる人や物
起点（source）	移動の起点
着点（goal）	移動の最終地点
場所（location）	出来事が起こる場所

　以下ではそれぞれの意味役割について、例文の中で説明していこう。**動作主**（**agent**）とは、自らが起こす行動に意図性があるものを指す。よって、動作主は人や動物に限られ、（1）〜（4）の下線部のように自らの行動をコントロールする主体となる。なお、（3）のように、行動として現れなくても、意図をもち主体的な役割を果たすものは動作主である。

※7　このファイルでは特定の名詞に下線を付けて、その名詞が表す意味役割を示していく。しかし、正確に言えば、意味役割は名詞句全体に付与されるものなので、格助詞の「が」や「を」などは、意味役割が付与される名詞句の一部ということになる。

(1) 父がどなった。
(2) 父が梅子を叱った。
(3) 父が娘を愛している。
(4) 梅子が父に叱られた。

これとは逆に、動作主から何らかの影響を受けるのが**被動作主**（**patient**）である。以下の文の下線部がこれに相当する。

(5) 父が梅子を叱った。
(6) 父が娘を愛している。
(7) 梅子が父に叱られた。

主題（**theme**）または**対象**は、出来事の中心的な対象となるもので、意図性がないものを指す[※8]。以下（8）〜（11）の下線部が主題である。

(8) 康夫がボールを投げた。
(9) 母が転んだ。
(10) 船が沈んだ。
(11) ダイヤモンドは高価だ。

主題は人の場合もあれば、物の場合もあり、状態や場所の変化を伴うものも多い。動作主との区別がつきにくいと思うかもしれないが、主題は意図性がないという点で動作主とは異なる。また、主題と被動作主は区別しないこともある。この場合は被動作主という用語を使わずに主題で統一することが多い。

[※8] 日本語では theme の訳語として「主題」または「対象」という用語が使われる。また、意味役割ではないトピック（topic） File 19 の訳語としても、しばしば「主題」という用語が使われるが、これは意味役割の「主題」と明確に区別する必要がある。

最後に場所に関わる意味役割を見ておこう。(12)と(13)は**起点**(source)で(14)と(15)は**着点**(goal)の例である。

(12) 三郎が家から出ていった。　　　(起点)
(13) 三郎がお年玉を祖母にもらった。(起点)
(14) 三郎は駅まで走った。　　　　　(着点)
(15) 祖母は三郎にメールを送った。　(着点)
(16) 三郎が学校で転んだ。　　　　　(場所)

これらは、(12)や(14)のような具体的な場所だけでなく、抽象的な意味で使用されることもある。たとえば(13)と(15)に示したような所有の変化や情報の移動も起点や着点として捉えることができる。また、(16)のように出来事が起こる場所は、**場所**(location)という意味役割をもつ。

■項構造

　これまで見てきたように、意味役割は文の中で決定される。その中心は動詞であり、たとえば、「叱る」という動詞は、「叱り役」である動作主と「叱られ役」である被動作主が存在することを示唆している。同じように「京都から大阪まで」という句では、後置詞の「から」が起点の存在を、「まで」が着点の存在を示唆している。このように、動詞や後置詞は意味役割を付与する語であり、意味役割が与えられる語は、これらの**項**(argument)とよばれる。
　以下の(17)で、動詞の「叱る」は2つの項をもち、これらに動作主と被動作主という意味役割を付与する。また、(18)の後置詞「から」と「まで」は、それぞれ1つの項をもち「起点」と「着点」という意味役割を付与する。このように動詞や後置詞などがもっている意味役割に関する数とその種類を**項構造**(argument structure)とよぶ。

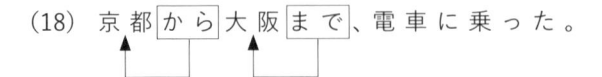

(17) 父 が 梅子 を 叱った。

(18) 京都 から 大阪 まで、電車 に 乗った。

■ その他の意味役割

　上記の表1に示した意味役割は、多くの文法理論で使用される。しかしこれらは、理論や個人の判断によって、用語の使い方が変わってくることがある。たとえば、(19)の「祖母」は動詞「送る」の項だが、意味役割は動作主、起点のいずれとしてもよいだろう。また、被動作主と主題がしばしば区別されずに使用されることは、前に述べたとおりである。

(19) <u>祖母</u>が三郎にメールを送った。

ここで重要なことは、1つの項に与えられる意味役割の数は必ず1つだけだということである。逆にいえば、動詞や後置詞は、それぞれの項に対して、必ず1つの意味役割を与えるという大前提がある。
　意味役割は文法分析のための重要な道具だと考えられる。単語そのものの意味ではなく、文中における参与者の意味役割を示すことで、それが異なる文型でどのように現れるのかを調べることができるからである。たとえば、2つのタイプの自動詞と意味役割の関係 `File 11` 、受動態における文法関係と意味役割の対応など `File 22` を見ることができる。
　意味役割は、目的に応じて、さらに詳細に使い分けることもある。表2にこれらをまとめ、これらが現れる例文 (20) ～ (25) に下線で示す。

表2　その他の意味役割

意味役割	参与者の役割
経験者 (experiencer)	心理的状態の経験者
所有者 (possessor)	何かを所有する人や物
受益者 (beneficiary)	動作により恩恵を被る人や物
道具 (instrument)	動作主の行動に使用される物
使役者 (causer) ／原因 (cause)	人や物に関する変化を引き起こす原因
作用 (force)	出来事を引き起こす事物

(20)　吉田は自分が賢いことを知っている。（経験者）

　　　吉田は子どもたちを驚かせた。（経験者）

　　　子どもたちが驚いた。（経験者）

(21)　それは吉田の帽子だ。（所有者）

(22)　吉田は子どもたちにお小遣いをあげた。（受益者）

(23)　吉田は電話で用件を伝えた。（道具）

(24)　吉田は子どもを働かせた。（使役者／原因）

(25)　台風が関西を直撃した。（作用）

参考文献

長谷川信子 (1999).『生成日本語学入門』東京：大修館書店

Dowty, David. (1991). Thematic proto-roles and argument selection. *Language, 67*, 547–619.

O'Grady, William, Archibald, John, Aronoff, Mark, and Rees-Miller, Janie. (2009). *Contemporary linguistics: An introduction*, 6th edition. New York: St. Martin's.

練習問題

A.　次の文の下線を引いた名詞句の意味役割を特定しなさい。

(1)　マサノリが転職した。

(2)　太郎は憂鬱だ。

(3) ミキが明宏を励ました。
  (4) 池には桜の花びらが浮かんでいる。

B. 次の文の下線部が鍵カッコで示した意味役割をもつように、カッコ内に語を入れなさい。
  (1) 一郎は学校（　　）走った。［着点］
  (2) ヨシオはそのライブハウス（　　）ギターを演奏した。［場所］
  (3) その男は車（　　）東京に向かった。［手段］
  (4) それは、うちの犬（　　）首輪です。［所有者］

File 8 ● 格（1）

■格

　格（case）は、文の中で使われる名詞が、他の語との関係でどのような機能を果たすのかを示すものである。日本語では、(1) の下線部で示すような**格助詞**（case particle）が格を表し、これにより名詞の文法関係 File 10 や意味役割 File 7 を特定することができる。

(1)　　山下さんが　　白畑さんに　　鈴木さんを　　紹介した。
　　　　主語　　　　間接目的語　　直接目的語　　←――文法関係
　　　　動作主　　　着点　　　　　主題　　　　　←――意味役割

格には表1に示すような名前がある。格助詞と格の名前は基本的に1対1で対応する。表中の「から」（奪格）以下には異なる名称が使われることもあり、これらをまとめて**斜格**（oblique）ともよぶ。また、日本語文法では格助詞の名称をそのまま使って「ガ格」や「ヲ格」などという言い方もする。
　ここで、日本語の格助詞は、言語学での格という概念と一致しない場合があるということを付け加えておきたい。たとえば、「と」は共格として表1に示しているが、これ以外に引用を表す用法もあり File 18、この場合は言語学的には補文標識 File 4 ということになる。また、「より」も格助詞なので表1に含めているが、これを言語学で格と捉えることはあまりない。

表 1　日本語に現れる格の例

格助詞	格の名前	文例
が	主格 (nominative)	太郎が来た。
を	対格 (accusative)	太郎がラーメンを食べた。
に	与格 (dative)	太郎がヨーコに花を贈った。
の	属格 (genitive)	太郎の鼻は大きい。
から	奪格 (ablative)	東京から帰った。
まで	到格 (terminative)	学校まで走った。
で	場所格 (locative)	スタジオで踊った。
で	具格 (instrumental)	ナイフで切った。
と	共格 (comitative)	次郎と遊んだ。
へ／に	向格 (allative)	学校へ行った。
より	比格 (comparative)	次郎より頭が良い。

　日本語の格助詞を中心にして格を捉えると、表１のようなリストが考えられるが、言語によっては、さらに多くの格が認められる場合もある。たとえば、コーカサス諸語の１つであるタバサラン語 (Tabassaran) の方言には53もの格があるという[※9]。また、これとは逆に格が少ない言語もある。英語もそのような言語の１つであり、表面上に常に現れる格は属格の -'s（例：Mary's book）のみである。しかし、これ以外の格が存在しないわけではなく、代名詞を使うと表２のような格変化があることがわかる[※10]。このことは、格は必ずしも語や形態素として現れるものではないということを意味している。

※9　Comrie (1981) による。
※10　英語の教育文法では、属格を所有格とよび、直接目的語や間接目的語になる名詞の格を目的格とよぶことが多い。

表2　英語の代名詞における格変化

	単数			複数		
	主格	所有格	目的格	主格	所有格	目的格
1人称	I	my	me	we	our	us
2人称	you	your	you	you	your	you
3人称	he	his	him	they	their	them
	she	her	her			
	it	its	it			

■格の捉え方

　格はいつでも語や形態素として表面上に現れるわけではないので、意味的な側面から格を捉えることがある[※11]。たとえば、到達点を表す到格、場所を表す場所格などは、このことを反映した名称である。しかしこうなると、格と意味役割との区別が不要になってしまう。その一方で、たとえば主格をもつ名詞の意味役割は、動作主の場合もあれば、主題の場合もある File 7 というように、1つの格に対して1つの意味役割を対応させることはできない。よって、意味ではなく、別の側面から格を捉える必要性がでてくる。

　そこで構造的に格を捉えてみる。これは(2)に示すような言語の階層構造 File 5 に基づいて、特定の位置に特定の格を対応させるという考え方である。たとえば、主語の位置には主格が付与され、直接目的語の位置には対格が付与されるという考え方である。このようにして捉えた格を **抽象格**（abstract case）または **構造格**（structural case）とよび、格助詞によって示される **形態格**（morphological case）と区別することがある[※12]。

※11　Fillmore (1968) などを参照。意味役割 File 7 という考え方は、格を意味的な側面から捉えようとする試みから発展したものである。
※12　抽象格は言語理論の中でも生成文法理論で取り入れられた考え方であり、英語表記の場合は Case というように大文字の C で表記するのが通例である（Chomsky, 1981）。

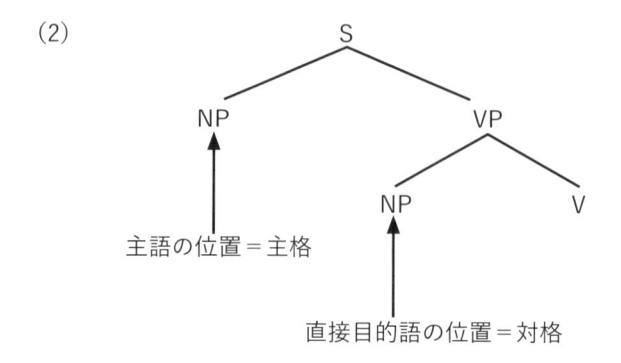

(2)
```
         S
        / \
      NP   VP
       ↑   / \
       |  NP  V
       |   ↑
       |   |
主語の位置＝主格
       直接目的語の位置＝対格
```

■ **格助詞と後置詞**

　一般的に日本語文法で格助詞とよばれているものは、統語範疇 File 4 では二種類に分類できる。1つは名詞に付属する**格助詞**（**case particle**）で、これは抽象格が具現化したもの、つまり音を伴って表面に現れたものだと考えられる。「が」、「を」、「に」、「の」が、これにあたる。これらの格助詞は、それ自体が特別な意味をもつことはなく、名詞に意味役割を与えることもない。もう1つは**後置詞**（**postposition**）である。表1の中で「から」、「まで」、「で」、「と」、「へ」、「より」がこれにあたる[※13]。格助詞と後置詞を樹形図で表すと（3）と（4）のようになる。

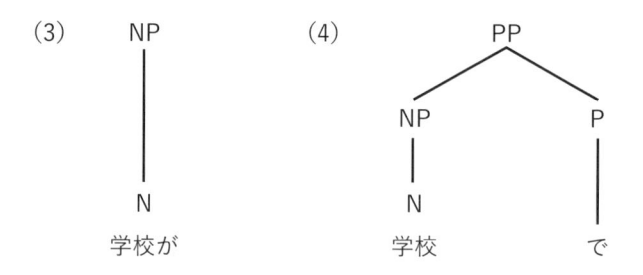

(3)
```
  NP              (4)    PP
  |                      / \
  N                     NP  P
学校が                   |   |
                        N   |
                       学校  で
```

※13　「に」の詳細については File 9 で扱う。

(3) に示すように「が」や「を」などの格助詞は、名詞に付随する要素と捉えられる。よって、それ自体が句構造を形成することはなく、それが付く名詞句（NP）の一部という扱いである。これに対して、(4) に示す「で」はP（後置詞）で、PP（後置詞句）という句構造 File 5 を成し、「学校」に場所という意味役割 File 7 を付与する。

また以下の (5) に示すように、格助詞「が」、「を」、「の」は、「は」と共起できないが File 19 、後置詞はこれが可能だという特徴がある。「に」に関しては例外的なので、その特徴は次のファイル File 9 で改めて説明することにしよう。

(5) ＊太郎がは来た。
　　＊太郎がラーメンをは食べた。
　　　太郎がヨーコには花を贈った。
　　＊太郎のは鼻は大きい。
　　　東京からは帰った。
　　　学校までは走った。
　　　スタジオでは踊った。
　　　次郎とは遊んだ。
　　　学校へは行った。
　　　次郎よりは頭が良い。

ここで簡単に「は」について触れておこう（詳細は File 19 を参照）。「は」は格助詞でも後置詞でもない。学校文法では「は」の付いた名詞は主語だと教えられることもあるが、これは間違いである。確かに (6) のように、「は」は主格の「が」の変わりに使うことができる。

(6) 　太郎は来た。／太郎が来た。

この場合、文の基本的な意味は「が」を使った場合と変わらない。しかし

「は」は (7) のように対格の「を」の変わりにも使われる。

(7) ラーメンは食べる。／ラーメンを食べる。

「は」を使うと、「ラーメン以外の物は食べない」という対比の意味が出てくるが、事実としては「を」を使った場合も「は」を使った場合も同じことを表す。つまり、「は」は主語や直接目的語といった文法関係を示す役割はしないということである。よって、日本語文法でも「は」は格助詞ではなく、副助詞あるいはとりたて助詞とよばれる。

参考文献

小泉保 (2007).『日本語の格と文型』東京：大修館書店

柴谷方良 (1978).『日本語の分析』東京：大修館書店

仁田義雄・村木新次郎・柴谷方良・矢澤真人 (2000).『日本語の文法1　文の骨格』東京：岩波書店

Chomsky, Noam. (1981). *Lectures on government and binding.* Dordrecht: Foris.

Comrie, Bernard. (1981). *The languages of the Soviet Union.* Cambridge: Cambridge University Press.

Fillmore, Charles. (1968). The case for case. In E. Bach, and R. T. Harms (Eds.), *Universals in linguistic theory* (pp. 1–88). New York: Holt, Rinehart and Winston.

Shibatani, Masayoshi. (1990). *The languages of Japan.* New York: Cambridge University Press.

練習問題

A. 次の文に使用されている格助詞に下線を引き、その名称を答えなさい。
 (1) 妹の結婚式が始まります。
 (2) 彼女に花束と指輪をプレゼントした。
 (3) 仙台へ向かう電車で、村野井さんを目撃した。

(4) 神戸から長崎まで船に乗った。

B. 次の文の下線を引いた語を、格助詞、後置詞、その他に分類しなさい。
(1) 誰が英語が得意ですか。
(2) 東京でライブがあった。
(3) 今日はカレーを作ります。
(4) 良二のギターで、1曲目から乗りまくった。

File 9 ● 格（2）

■「が」・「の」交替

　主格の「が」は、下記のような文では属格の「の」に置き換えることができる。

（1）　雪が／の降る街に住んでみたい。
（2）　友達が／の来たことを知らなかった。
（3）　次郎が／の走るのは見たことがない。

これを「が」・「の」交替（*ga*/*no* conversion）とよぶ。例文中のスラッシュは「が」または「の」のどちらか1つを使用するという意味である。上記の例に共通することは、「の」への交替はすべて連体修飾の節で起こっているということである。(1)では、「雪が降る」が「街」を修飾する関係節 File 24 の中で「雪の降る」となり、(2)と(3)では、それぞれ「こと」、「の」という形式名詞 File 3 を修飾する節の中で「が」・「の」交替が起こっている。
　しかし、連体修飾節であれば常に「が」・「の」交替が可能というわけではない。(4)の文で「の」は使えない。

（4）　狩野さんが／のコーラを飲んだ店は、まだありますか。

厳密にいえば、使えないのではなく、「の」を使うと「狩野さんの所有するコーラ」の意味になってしまうのである。これは、「が」から「の」への交替が起こる節中に別の名詞（この場合、「コーラ」）があって、それが、「が」・「の」交替の影響で、所有物の解釈を受けてしまうためだと考えられる。よって、(4)の文から「コーラ」を取り除いた(5)や所有関係の意味になり

えない(6)では、「が」・「の」交替が可能である。

(5)　狩野さんが／の飲んだ店は、まだありますか。
(6)　狩野さんが／のアメリカで飲んだ店は、まだありますか。

■多重主格構文

　主格の「が」は1つの節に複数使うことができる。文脈がないと多少座りが悪いが(7)は文法的な文である。このように主格の格助詞「が」が複数現れる文を**多重主格構文**(multiple nominative construction)とよぶ[※14]。

(7)　ゾウが鼻が長い。(＝ゾウの鼻が長い。)

(7)の文は「ゾウ」に付く「が」を「の」に置き換えることが可能である。この事実だけを見ると「が」・「の」交替と同じだと思われるかもしれないが、(7)の場合は「ゾウ」と「鼻」の間に所有関係が見られるという点で異なる。
　多重主格構文で、主格の付いた名詞は2つだけだとは限らない。(8)や(9)のように3つ以上の主格が使われることもある。

(8)　長野県が女性が平均寿命が長い。
(9)　長野県が都市部が女性が平均寿命が長い。

ここで問題になるのが、これらの「が」が付いた名詞はすべて主語なのかということである。主語の定義にもよるが File 10 、1つの節で主語となる名詞句は1つだけだと仮定すると、(8)や(9)の文における主語は「平均寿命

※14　状態動詞を使用した文でも、主格の「が」が複数現れることがあるが、これは別の構造をもつ文として File 10 で取りあげる。

が」である。なぜならば、述語「長い」の項は「平均寿命」であり、「女性」や「長野県」が長いわけではないからである。よって「女性が」や「長野県が」は、主語と区別して**大主語**とよばれることがある。

　では、大主語に付く「が」はどのような働きをしているのだろうか。「が」の意味機能の1つに総記(exhaustive listing)がある **File 19**。簡単に言えば、何かに限定して、それ以外のものは当てはまらないと暗に示すことである。(9)の「長野県が」は、「他県ではなく長野県だけが」というニュアンスをもち、「女性が」も「男性ではなく女性が」ということを強調した表現である。よって、「平均寿命が長いのは、他ならぬ長野県の女性だ」という意味が(9)によって表現されることになる。

■二重「を」制約

　対格の「を」は1つの節に1つしか使うことができない。これを**二重「を」制約**(**double o constraint**)とよぶ。(10)と(11)の文は非文法的だが、その原因は意味的なものではない。(12)と(13)のように文の中の「を」を1つにすることで文法的な文になるからである。

(10) ＊次郎はラーメンを焼きそばを食べた。
(11) ＊次郎は英語を勉強をした。
(12) 　次郎はラーメンと焼きそばを食べた。
(13) 　次郎は英語を勉強した。

(10)では他動詞「食べる」が使われており、直接目的語は1つしか使えない。よって、2つ以上の物を対象とするときは「と」という並列助詞 **File 18** で名詞をつなげる。(11)の動詞は軽動詞 **File 3** である。「勉強をした」も「勉強した」も意味的な差はないが、この文にはすでに「英語を」があるために「勉強をした」は使えない。

　また、以下の(14)と(15)は使役文 **File 23** に他動詞を使った例である。

(14) ＊次郎はヨーコを窓を開けさせた。
(15)　次郎はヨーコに窓を開けさせた。

使役の対象となる人や物には、通常「を」または「に」のどちらも使えるはずだが File 23 、上記の文には「窓を」という対格が付いた名詞句があるため、(15)のように「に」しか使えない。
　このような例から、二重「を」制約とは文に出現する「を」の回数に関する制約であるように思える。しかし次節で見るように、これは「を」の出現回数ではなく直接目的語の数に対する制約だという提案もある。

■直接目的語以外に付く「を」

　直接目的語 File 10 は対格の「を」が付いて、通常、主題または被動作主という意味役割 File 7 を表す。しかし、「を」の付く名詞句がすべて直接目的語かというと、そうとは限らない。ここでは「を」の付く名詞句でも、直接目的語とは捉えられない例を見ていく。代表的なものとして以下の3つをあげることができる。

(16)　私はすぐ家を出た。　　　　　（起点）
(17)　太郎は狭い道を通った。　　　（経路）
(18)　次郎が大雪の中を走っている。（状況）

(16)と(17)の文では、どちらも移動を表す動詞が使用され、「を」の付く名詞句は場所を示している。具体的には、(16)では**起点**を表し、(17)では**経路**を表している。起点を表す(16)の場合は、より明確に起点を示す「から」を「を」の代わりに使うこともできる。また、(18)は「を」の付く名詞句が**状況**を表しており、この句は文の中で副詞的な役割を果たしていると考えられる。

ここで重要なことは、どの例でも「を」の付いた句は主題または被動作主という意味役割をもたず、この点で直接目的語とは異なるということである。さらに、このような場合、前節で見た二重「を」制約の適応を受けないという特徴がある。以下（19）と（20）を比べてみよう。

　　（19）＊次郎はケーキをアイスクリームをほおばった。
　　（20）　次郎は大雪の中をアイスクリームをほおばった。

（19）は「ケーキを」と「アイスクリームを」という2つの直接目的語が1つの節に現れた非文法的な文である。これに対して、（20）は状況を表す「大雪の中を」と「アイスクリームを」が1つの節に使われているが、（19）に比べると容認度は高いと思われる。このことは、二重「を」制約は「を」が付くすべての名詞句に適用するのではなく、直接目的語に対する制約であることを示しているようである。
　ちなみに、（19）の2つの直接目的語を「と」を使って1つの直接目的語とすると（21）のような文法的な文になるが、（20）に同じことを適用すると（22）のような非文法的な文になってしまう。

　　（21）　次郎はケーキとアイスクリームをほおばった。
　　（22）＊次郎は大雪の中とアイスクリームをほおばった。

このことは、（20）に使われた「大雪の中を」は、直接目的語とは文法的に異なる特徴をもつことを示している。

■「に」の多面性

　「に」には、表1に示すような用法がある。最初の4つに関しては、別のファイルで詳細に触れるので、ここでは最後の「それ以外」に関して詳しく見ていく。

表1　「に」の主な用法

付与する要素	与格の格助詞/後置詞の別	文例	ファイル	
状態動詞の主語 （与格主語構文）	与格の格助詞	西田にピアノが弾ける。	File 10	文法関係
間接目的語 （二重目的語構文）	与格の格助詞	その老人が老婆に花を贈った。	File 10	文法関係
形態的使役の被使役主	与格の格助詞	母親が子どもに本を読ませた。	File 23	使役
受身文の動作主	後置詞	竹子がその記者にたたかれた。	File 22	受動態
それ以外 （主に場所に関する用法）	与格の格助詞 または後置詞	俊史が名古屋に向かった。 東京に息子がいる。	本ファイル	

　表1で「それ以外」として扱う「に」は、抽象的な意味も含めて場所を表す語に付くものが多い。以下、3つの用法を見ていく。まず、(23)は広い意味で**着点**の例である。

(23) a. 東京に着く。京都に行く。馬に乗る。（終着点）
　　 b. 名古屋に向かう。右に倒れる。（方向）
　　 c. 姉に会う。父に相談する。（動作の相手）
　　 d. 兄に頼る。先生に遠慮する。（動作の対象）
　　 e. みんなに親切だ。待遇に満足する。（状態の対象）
　　 f. その子を医者にしたい。彼は花屋になった。（事態推移・結果）
　　 g. 乗り物に酔う。（原因）

終着点(23a)や方向(23b)という具体的な場所を表す場合もあれば、「−に対して」という意味合いで、動作や状態の向く対象を示す場合もある(23c〜23e)。さらに、これが事態の推移や結果(23f)にまでつながると考えることもできる。また、(23g)の原因に関しては、事態を引き起こす基が行き着く先、という捉え方である。
　次に、以下の(24)は広い意味での**存在**を表す用法で、動詞は「ある」や

「いる」などが使われる。

(24) a. 市内に有名な寺がある。（存在場所）
　　 b. 日曜日に来る。会議が3時にある。（時）
　　 c. 加藤さんに娘がいる。（存在）
　　 d. 東京に娘がいる。（存在）
　　 e. 加藤さんに娘がある。（所有）

「に」が（24a）のように事物の存在場所を指すこともあれば、（24b）のように時に関しての存在を表すこともある。また、（24c）と（24d）は人や場所に「に」を使って、その人や場所における存在を表す例で**存在文**とよばれる。また、（24e）は動詞「ある」が使われ、「に」が付与した人の所有を表すことから**所有文**とよばれる。

最後に、下記（25）は「に」が**起点**や基準を表す例である。

(25) a. 偉大な文明がこの地に発する。（起点）
　　 b. 父に教わった。（譲渡の起点）
　　 c. シホは敦子に似ている。（基準）

この場合、（25a）のように具体的な場所を示す用法もあれば、授受動詞 **File 27** やそれに準ずる動詞が使用されて（25b）のような譲渡の起点である動作主を表す用法もある。さらに、（25c）のような基準を示す例もここに含めておくことにする。

■「に」の識別

日本語学で「に」は、格助詞と捉えられている。しかし、言語学では「に」の文法的な振る舞いによって、表1に示すように、**与格の格助詞**と**後置詞**に分けることがある。

与格の格助詞として典型的なものは、(26)の二重目的語構文の間接目的語に付く「に」や(27)の与格主語構文の主語に付く「に」である File 10 。

(26) 徹平が上田にケンを紹介した。(間接目的語)
(27) 原田さんにお金が要る。(主語)

これらの文で、「に」の付いた名詞句は動詞の項で、文法関係で言うと(26)が間接目的語、(27)が主語ということになる。動詞の項なので、動詞によって「に」の付いた名詞句に意味役割が与えられることになる File 7 。
これに対して、(28)のような受身文に用いられる「に」は後置詞だと考えられる。

(28) 春子がその記者にたたかれた。

後置詞は、それが付与する名詞句に意味役割を与えるという特徴がある File 7 。上記(28)の文では、後置詞の「に」が「その記者」に意味役割を与える。なぜならば、「その記者に」は文の必須要素ではないので、動詞の項ということにはならず、その結果、動詞から意味役割を受け取ることができないからである。ちなみに、「その記者に」は構造的には付加部 File 5 で、主語でも直接目的語でもない。
ここで問題となるものの1つに、(29)のような文に現れる「に」がある。

(29) 大島君が東京に着いた。

この他にも、「〜に行く」、「〜に頼る」、「〜に触れる」などという形で使われる「に」に関しては、結論から言えば、研究者間で一定の見解はない。「に」が与格の格助詞だとすると、「東京に」は「着いた」の目的語ということになり、「着いた」は他動詞ということになる。また、「に」が後置詞だと捉えると、「東京に」は付加部ということになる。しかし、「着いた」という

動詞は「東京に」を項として要求しているようである。数量詞遊離 File 25 などの現象に基づいて、この識別を試みている研究もある[※15]。

📖 参考文献

井上和子 (1976).『変形文法と日本語―上・統語構造を中心に―』東京：大修館書店

奥津敬一郎 (1967).「自動化・他動化および両極化転形―自・他動詞の対応―」『国語学』70号、46–60.

影山太郎(編)(2011).『日英対照 名詞の意味と構文』東京：大修館書店

岸本秀樹 (2005).『統語構造と文法関係』東京：くろしお出版

久野暲 (1973).『日本文法研究』東京：大修館書店

柴谷方良 (1978).『日本語の分析』東京：大修館書店

杉本武 (1986).「格助詞―「が」「を」「に」と文法関係―」奥津敬一郎・沼田善子・杉本武『いわゆる日本語助詞の研究』(pp. 227–380). 東京：凡人社

Haig, John. (1981). Are traversal objects objects? *Papers in Linguistics: International Journal of Human Communication, 14* (1), 69–101.

Martin, Samuel. (1975). *A reference grammar of Japanese.* New Haven, CT: Yale University Press.

Sadakane, Kumi, and Koizumi, Masatoshi. (1995). On the nature of the "dative" particle *ni* in Japanese. *Linguistics, 33*, 5–33.

✏️ 練習問題

A. 次の (1) と (2) には「が」・「の」交替を適用し、(3) と (4) は基本的な意味を変えずに多重主格構文に書き換えなさい。
  (1) 中国語ができる学生は有利だ。
  (2) 僕の会ったその男が犯人だった。
  (3) 孝司の首が回らない。
  (4) 沖縄県の若者はスタイルがいい。

※15　Sadakane and Koizumi (1995)

B. 次の文のカッコ内に「を」または「に」を入れて文を完成させ、その用法を以下から選んで特定しなさい。

「を」：直接目的語を示す、起点、経路、状況
「に」：着点、存在、起点

(1) そのホテル（　）有名なイタリアンのシェフがいる。
(2) この論文（　）基づいた実験（　）行った。
(3) いつもと違う道（　）歩いて、学校（　）行った。
(4) ランチ（　）食べた店（　）出た。

File 10 ● 文法関係

■主語と目的語

　主語や直接目的語などの要素を**文法関係**（grammatical relation）または**文法機能**（grammatical function）とよぶ。文法関係は主要部 File 5 と項 File 7 の構造的な関係を指す。たとえば、主要部としての動詞に対して、その項である名詞句が**主語**（subject）や**直接目的語**（direct object）ということになる。下記 (1) の文には、動詞「賞賛する」に関して、下線で示した2つの項がある。主格「が」の付いた名詞句を主語とよび、対格「を」の付いた名詞句を直接目的語とよぶ。

(1)　　部長が　阿部君を　　賞賛した。
　　　　主語　　直接目的語

また、(2) の文では三項動詞「紹介する」File 11 に関して3つの項がある。主語と直接目的語の他に、下線で示した**間接目的語**（indirect object）が与格の「に」File 8, 9 を伴って現れている。このような文は動詞句内に2つの目的語が存在するので**二重目的語構文**（double object construction）とよばれる。

(2)　　部長が　上田に　　阿部君を　　紹介した。
　　　　主語　　間接目的語　直接目的語

　言語学では、このように主語、直接目的語、間接目的語といった文法関係によって世界の言語を捉え、その普遍性や個別性を分析する。一方、日本語学では、述語を補う要素はすべて**補語**（または**補足語**）とよぶ。よって、主語

も目的語も修飾語句もすべて補語ということになる。ただし、述語の必須要素として、主語や直接目的語を**必須補語**とよんだり、主語だけは特別に補語という分類から外して「主語」として扱ったりもする。

■文法関係と格

　日本語では、格助詞が文法関係を特定化するための主な要素となる。しかし、上記（1）と（2）のような格助詞と文法関係の対応は、以下（3）と（4）のような状態動詞 File 12 を含む文では成り立たない。

(3)　原田さんがお金が要る。
(4)　原田さんが数学ができる。

（3）と（4）の文には主格の「が」が付いた名詞句が2つ存在するが、最初の名詞句が主語で、次の名詞句が直接目的語である[※16]。さらに、これらの文では、（5）と（6）に示すように、主語に付く主格の「が」は与格の「に」に置き換えることが可能である。このような文を**与格主語構文**（dative subject construction）とよぶことがある。

(5)　原田さんにお金が要る。
(6)　原田さんに数学ができる。

また、主語に主格が使われている場合、（3）と（4）に限って、（7）と（8）のように直接目的語に対格を使うことも可能な場合がある File 12。（(7)と(8)では、最後に「こと」を付けて名詞句にすると容認度があがるだろう。）

※16　ここでとりあげた文では、2つの名詞句が両方とも動詞の項であるという点で、多重主格構文 File 9 とは異なる。

(7) 原田さんがお金を要る（こと）。
(8) 原田さんが数学をできる（こと）。

このように様々な文における文法関係と格助詞の現れ方を見てみると、その対応関係はかなり複雑であることがわかる。これをまとめて図示すると (9) のようになる。

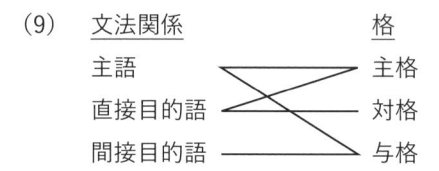

(9) 　文法関係　　　　　　格
　　　主語　　　＼／　　主格
　　　直接目的語　╳　　対格
　　　間接目的語　／＼　与格

　ここまでは動詞の項を見てきたが、動詞以外の要素が項をとる例も見ておこう。以下の (10) は、後置詞「で」に関して、その項である「その番組」が現れている。よって、「その番組」は**後置詞の目的語**（object of the postposition）ということになる。

(10) 原田さんが　その番組で　阿部君を　賞賛した。
　　　　　　　後置詞の目的語

この文の中では「その番組」は、動詞の項ではなく付加部 File 5 であることに注意したい。「賞賛する」という動詞は、賞賛する人と賞賛される人（物）は項として要求するが、賞賛する場所は必須要素ではないからである。

■主語の特性

　動詞の項に関しては、格助詞との対応によって文法関係（主語や直接目的語）を捉えてきた。しかし格助詞との対応とは別に、主語や直接目的語を特徴づける必要がある。なぜならば、文法関係とは、本来、主要部と項の構造

的な関係であり、それは格や意味役割とは独立した概念だからである。言語学では、(世界の)言語の普遍的な要素として意味役割や格とは別に、主語や直接目的語という文法関係を規定する。ここでは、この立場にしたがって、日本語における主語の特性 3 つを見ていくことにする。

まず、基本語順 File 25 では、主語は直接目的語に先行するという特性がある。日本語の基本語順は (11) が示すような SOV である File 25 [17]。

(11) 太郎が次郎を批判した。(SOV)
(12) 次郎を太郎が批判した。(OSV)

日本語は構成素 File 5 の順番が比較的自由なので、(12) のような OSV も許される。よって、語順による判断は、主語を特定するための厳密なテストにはならない。しかし、多くの場合、主語は直接目的語よりも前に現れる。また、状態動詞と 2 つの主格「が」を使用した以下のような文では (13) の語順を (14) のように変えると、意味が通じなくなってしまう。

(13) 原田さんがお金が要る。(SOV)
(14) *お金が原田さんが要る。(OSV)

よって (13) の文が基本語順だと考えられ、主語が直接目的語よりも前に現れることになる。言い換えると、動詞の 2 つの項のうち、最初に置かれる要素が主語だということになる。ちなみに、世界の言語の 8 割以上が SOV, SVO, VSO などのように、基本語順において主語が直接目的語よりも前に現れる[18]。

2 つ目の主語を表す特性として、**再帰代名詞**（reflexive pronoun）File 26 に関する制約を見てみよう。(15) は「次郎」と「自分」が同一人物を指す

※ 17　主語は S (subject)、(直接) 目的語は O (object)、動詞は V (verb) というように英語による頭文字で表す。
※ 18　Dryer (2005) による。

場合、直接目的語に「自分」という再帰代名詞が使われ、その指示対象が主語の「次郎」であることを示している。（名詞句が同一の指標をもつときは、下付き文字の i, j, k などで示す。）

   （15）　次郎 $_i$ が自分 $_i$ を責めた。

日本語では、主語のみが再帰代名詞「自分」の**先行詞**（**antecedent**）になることができる。これを主語による再帰代名詞化（reflexivization）の誘発とよび、「自分」には**主語指向性**（**subject orientation**）があるという言い方をする。上記 (15) の「次郎」と「自分」を入れ替えた (16) は、(15) とは同じ解釈にならない。また、(17) のように「自分」が直接目的語以外の要素として使われる場合でも、その先行詞となるのは常に主語である。

  （16）＊自分 $_i$ が次郎 $_i$ を責めた。
  （17）　次郎 $_i$ が自分 $_{i/*j}$ の部屋で花子 $_j$ を責めた。

この特性を、状態動詞を使用した文に当てはめてみよう。以下の文では「嫌いだ」という形容動詞が使われているが、ここでも (18) と (19) のような対比が見られる。

  （18）　次郎 $_i$ が自分 $_i$ が嫌いだ。
  （19）＊自分 $_i$ が次郎 $_i$ が嫌いだ。

さらに、格助詞を「が－が」から「に－が」のパターンに変えても、この対比は変わらない。以下に、状態動詞「わかる」を使った例を示す。

  （20）　次郎 $_i$ に自分 $_i$ がわからない。
  （21）＊自分 $_i$ に次郎 $_i$ がわからない。

再帰代名詞化を誘発する要素が主語だとすると、形容動詞を使った(18)では、主格「が」が付いた最初の名詞句が主語で、状態動詞を使った(20)では、与格「に」の付いた名詞句が主語だということになる。

最後に**主語尊敬語化**（subject honorification）という現象を見てみよう。これは、動詞の連用形に「お……になる」を付けて尊敬語にして、敬意を表す用法である File 27 。このときの敬意の対象が常に主語に対してのものとなる。以下の(22)と(23)の文では「社長」という語を使い、ここに敬意の対象が向くようにしてある。この場合、「社長」が主語として使われた(22)のみが文法的な文であり、直接目的語に「社長」が使われた(23)は非文法的な文である。

(22)　社長がその社員をお誉めになった。
(23)＊その社員が社長をお誉めになった。

形容動詞と状態動詞を含んだ文でも試してみよう。(24)と(25)は「が－が」のパターンで、(26)と(27)は「に－が」のパターンである（なお、形容詞や形容動詞の尊敬語には、単に「お」という接頭辞を付ける）。

(24)　社長がその社員がお嫌いだ。
(25)＊その社員が社長がお嫌いだ。
(26)　社長にその社員の気持ちがおわかりにならない。
(27)＊その社員に社長の気持ちがおわかりにならない。

これらの文でも、主格の付いた最初の名詞句に敬意の対象が向く(24)や与格の名詞句に敬意の対象が向く(26)のみが、文法的な文となる。これは、主語という要素が尊敬語化を引き起こすことを示している。

このような現象は**一致**（agreement）とよばれ、ヨーロッパ言語などには多く見られる。たとえば、英語では主語が3人称で単数の場合に、動詞の現在形に -s が付く。英語との違いは、日本語の主語尊敬語化は、使いたく

なければあえて使わなくてもよいという意味で、随意的(オプショナル)な規則だということである。

■直接目的語の特性

　主語の場合と同じように、直接目的語の特性を 3 点見ていくことにする。まず、もっとも一般的な特性だと考えられているのは、直接目的語は、受動態の文の主語になれるということである。(28)で下線を付けた直接目的語は、これに対応する受動態の文 (29) の主語になる。

　　(28)　その記者が春子をいじめた。(能動態)
　　(29)　春子がその記者にいじめられた。(受動態)

　次に、基本語順の文に限っては、**格助詞脱落**(**case drop**)という現象が直接目的語に限って起こると考えられている。格助詞脱落とは、その名のとおり、格助詞が落ちることを指す。以下の (30) は直接目的語から対格の「を」が落ちた例で、(31) は主語から主格の「が」が落ちた例である(脱落は φ で示す)。

　　(30)　　誰が何 - φ 食べたの。
　　(31) *誰 - φ 何を食べたの。

直接目的語から「を」が落ちた (30) は問題ないが、主語から「が」が落ちると、(31) のような非文法的な文になってしまう[19]。では、これを、状態動詞「できる」が含まれた文で試してみよう。以下 (32) が直接目的語から

※19　脱落した助詞が「が」や「を」ではなく「は」である可能性は否定できない。しかし、「は」は wh 疑問詞に使えないので、(30)〜(32) の例では「は」の脱落は考えにくい。また、もう 1 つの可能性としては、もともと助詞が使用されない無助詞 File 19 の場合も考えられる。

「が」が落ちた例で、(33) は主語から「が」が落ちた例である。

(32)　誰が何 - φ できるの。
(33) ?? 誰 - φ 何ができるの。

どちらの文でも、「が」が落ちていることには変わりない。しかし、(32) の直接目的語からの格助詞脱落は、(33) の主語からの格助詞脱落よりも容認度が高いと考えられている。

最後に、直接目的語の特性を表す現象として形式名詞「こと」の挿入があげられる[20]。(34) の文に特定の意味をもたない形式名詞としての「こと」File 3 を使ってみる。すると、(35) のように直接目的語に使うことはできるが、(36) のように主語に使うと非文法的な文になってしまう。

(34)　ジョージが八重子を叱った。
(35)　ジョージが八重子のことを叱った。
(36) *ジョージのことが八重子を叱った。

なお、「こと」がなんらかの実質的な意味をもつ場合には、直接目的語に関する制限とならないことに注意したい。

参考文献

岸本秀樹 (2005).『統語構造と文法関係』東京：くろしお出版

久野暲 (1973).『日本文法研究』東京：大修館書店

笹栗淳子 (1999).「名詞句のモダリティとしての「コト」―「Nのコト」と述語の相関から―」アラム佐々木幸子(編)『言語学と日本語教育』(pp. 161–176). 東京：くろしお出版

柴谷方良 (1978).『日本語の分析』東京：大修館書店

---

[20]　岸本 (2005) が、笹栗 (1999) に基づいてこの提案を行っている。

Dryer, Matthew. (2005). Order of subject, object, and verb. In M. Haspelmath, M. Dryer, D. Gil, and B. Comrie (Eds.), *The world atlas of language structures* (pp. 330–333). Oxford: Oxford University Press.

Saito, Mamoru. (1985). Some asymmetries in Japanese and their theoretical implications. Unpublished doctoral dissertation, MIT.

Shibatani, Masayoshi. (1977). Grammatical relations and surface cases. *Language, 53,* 789–809.

Takezawa, Koichi. (1987). A configurational approach to case-marking in Japanese. Doctoral dissertation, University of Washington.

練習問題

A. 下線を引いた句の文法関係を特定しなさい。
  (1) 探検家がその山に登った。
  (2) 隆がちづ子にバラの花束をあげた。
  (3) 映画を見にいきましょう。
  (4) 君にはうちの電話番号がわからないのかい。

B. 下線部にカッコ内に示した現象を当てはめて文を作りなさい。
  (1) 田中はヒカルが田中を批判したと思っている。(再帰代名詞化)
  (2) イネが6人の子どもを育てた。(主語尊敬語化)
  (3) 澤崎さんが何を知ってるの。(格助詞脱落)
  (4) 犬がその老人を追いかけた。(下線部を主語とする受身文)

File 11 ● 動詞（1）

■動詞の特徴と分類

動詞は**出来事**（event）を表す語で、終止形（辞書形または基本形）の語尾の母音がウとなる。動詞は表1に示すような様々な側面から分類することができる。本ファイルでは文法関係による分類を見ていく。

表1　動詞の分類と該当ファイル一覧

分類の方法	動詞の名称	ファイル	
成り立ちによる分類	複合動詞、派生動詞、補助動詞、軽動詞	File 3	語の分類と品詞(2)
文法関係による分類	自動詞、他動詞、三項動詞、 自動詞の2分類（非能格動詞、非対格動詞）	File 11	動詞(1)
意味による分類	動態動詞、状態動詞、意志動詞、 無意志動詞、状態変化の動詞、使役動詞、 様態動詞、移動動詞、心理動詞、知覚動詞	File 12	動詞(2)
アスペクトによる分類	到達動詞、達成動詞、活動動詞、状態動詞、 継続動詞、瞬間動詞、第四種の動詞	File 12	動詞(2)
活用による分類	五段活用の動詞、上一段活用の動詞、 下一段活用の動詞、カ行変格活用の動詞、 サ行変格活用の動詞、母音動詞、子音動詞、 不規則動詞	File 20	活用(1)

※使役動詞は File 23 で扱う。

■動詞の自他

動詞は、それが要求する項 File 7 の文法関係 File 10 によって、大きく2種類に分けることができる。主語のみを必要とする動詞を**自動詞**（intransitive verb）とよび、主語と直接目的語の両方を必要とする動詞を**他動詞**（transitive verb）とよぶ。以下の（1）は自動詞を含む文で、（2）は他動詞を含む文である。

(1) 一郎がさわいでいる。
(2) 一郎が壁をたたいている。

日本語では、主語や直接目的語は頻繁に省略される。しかし、これによって動詞の自他が変わるわけではない。たとえ、主語が省略されても（1）の「さわぐ」は自動詞である。同様に、たとえ（2）の文から直接目的語が省略されても、「たたく」が他動詞であることに変わりない。

　主語と直接目的語に付く格助詞は、それぞれ「が」と「を」に限られているわけではない File 10 。よって、動詞の自他は文中の（名詞句に付く）格助詞だけでは判断できないことがしばしばある。たとえば（3）の文では、主格の「が」が主語だけでなく直接目的語にも使われている。よって、この文には「を」の付く名詞句はないが、「できる」は他動詞である。

(3) 福田さんがモノマネができる。

　また、対格の「を」が使われていれば、それは必ずしも直接目的語であるというわけでもない File 9 。（4）〜（6）のような場合である。

(4) 私はすぐ家を出た。（起点）
(5) 太郎は狭い道を通った。（経路）
(6) 次郎が大雪の中を走っている。（状況）

これらの「を」が付いた名詞句は、起点、経路、状況を表していて、動詞の直接目的語というわけではない。よって、これらの文に使用されている「出る」「通る」「走る」はすべて自動詞だと考えられる。もう1つ問題となるのが「に」が使用された以下のような文である。

(7)　　大島君が東京に着いた。(着点)
(8)　　山科に有名な寺がある。(存在)

これらは着点や存在を表す「に」であり、動詞の直接目的語ではない File 9, 10 。よって、これらの文に使用されている動詞も自動詞ということになる。
　主語と直接目的語の他に、もう1つの目的語（間接目的語）を必要とする動詞がある。これを**三項動詞**（**ditransitive verb**）とよぶ。三項動詞を含む文では、(9)のように、主格の「が」と対格の「を」がそれぞれ主語と直接目的語に付くほか、与格の「に」が間接目的語 File 10 に付く。

(9)　　徹平が上田にケンを紹介した。

■自動詞の2分類

　主語の意味役割 File 7 によって、自動詞を2つに分けることがある。(10)のように主語が動作主となる自動詞を**非能格動詞**（**unergative verb**）とよぶ。また、(11)のように主語が主題となる動詞を**非対格動詞**（**unaccusative verb**）とよぶ。

(10)　　学生が走った。
(11)　　学生が落ちた。

この分類は単に主語の意味役割のためだけのものではない。非対格動詞の主語は、他動詞の直接目的語と似た特徴をもっていると考えられていて、この点で非能格動詞の主語とは異なる。たとえば(10)と(11)で使われた動詞に、程度副詞 File 2 「たくさん」や「いっぱい」という語を使い、主語を省略した形で(12)と(13)のような文を作ってみる。すると、これらの文における副詞の意味が異なることがわかるだろう。

(12) たくさん／いっぱい走った。（非能格動詞）
(13) たくさん／いっぱい落ちた。（非対格動詞）

(12)の非能格動詞の場合は、通常、「走った」という行為を行った人の数ではなく、その行為の程度を表すことが多い。これに対して、(13)の非対格動「落ちた」の場合は、落ちた人や物の数量を表す傾向が強い。では、他動詞の場合はどうだろうか。

(14) たくさん／いっぱい食べた。（他動詞）

(14)の「食べた」という他動詞は、程度副詞に修飾されて、食べた物の数量が多いことを表している。すなわち、「たくさん」や「いっぱい」は他動詞の直接目的語や非対格動詞の主語の数量が多いことを表すが、非能格動詞の場合、これは当てはまらない。

　もう1つ他動詞と非対格動詞の類似点を見ておこう。以下の(15)は**結果構文**（resultative construction）とよばれる文で、下線で示した結果述語を含んでいる。

(15) 冨田は皿を<u>粉々に</u>壊した。

この文で、結果述語の「粉々に」は、動詞によって表現される「壊す」という行為の結果、「皿」が「粉々に」なったことを表している。つまり、(15)の他動詞を含む文では、結果述語は直接目的語を叙述する。では、結果述語を、自動詞を含む文に使った例を見てみよう。(16)と(17)は、それぞれ非能格動詞と非対格動詞を使った文例である。

(16) *大嶋が<u>くたくたに</u>走った。（非能格動詞）
(17) 大嶋が<u>くたくたに</u>疲れた。（非対格動詞）

(16)では「くたくたに」は「走った」結果としての叙述ということにはならず、解釈が不可能な文となってしまう。これに対して(17)では、「くたくたに」という結果述語は主語が「疲れた」結果を表す。これらの例から、非対格動詞の主語と他動詞の直接目的語に関しては結果述語によって叙述が可能だということがわかる。

これら以外にも、非対格動詞の主語と他動詞の直接目的語には似た特徴が多く存在することが指摘されており、非能格動詞の主語とは統語的に異なるということが提案されている。

■自他の対応がある動詞

日本語の動詞には「開く」と「開ける」のように、意味と形態において対応のある動詞がある。このような動詞を**自他の対応がある動詞**(または、**有対自動詞／有対他動詞**)とよぶ。以下(18)と(19)の文はどちらも「開くこと」に関する出来事を表すが、(18)では自動詞が主語を伴い、(19)では他動詞が主語と直接目的語を伴って出来事が表現されている。

(18) その蓋が開いた。
(19) 母がその蓋を開けた。

さらに、これらの動詞には形態的な関係がある。(20)のようにローマ字にしてみると「開く」と「開ける」にはakという共通の語幹 File 20 があることがわかるだろう。

(20) ak-φ-u (開く)／ak-e-ru (開ける)

他動詞「開ける」の場合は、akに -e が付いて自他の対比を成している。(自動詞は対応する部分に何も付かないのでφの記号で示す。)(20)の場合は、自動詞が基本形で、他動詞は語幹に -e を付けることで、自動詞から派

生してできたものだと分析できる。しかし、(21)に示すように「折れる」と「折る」では、-e の付き方が(20)とは逆になっている。

(21)　or-e-ru（折れる）／ or-φ-u（折る）

つまり、他動詞が基本形で、自動詞は他動詞に -e を付けて派生したということになる。この他にも、表 2 のように自他の対応を成すパターンは様々で、どちらが基本形なのか区別の付かないものも多い。つまり、自他の対応にはある程度のパターンは見られるものの、全体的な自他対応の規則としては成立していないということである[※21]。

表 2　自他の対応のある動詞の派生

	自他の対比を成す要素	自動詞の例	他動詞の例
1.	φ ／ e	ak-φ-u（開く）	ak-e-ru（開ける）
2.	φ ／ as	wak-φ-u（沸く）	wak-as-u（沸かす）
3.	e ／ φ	or-e-ru（折れる）	or-φ-u（折る）
4.	ar ／ φ	hasam-ar-u（挟まる）	hasam-φ-u（挟む）
5.	ar ／ e	ag-ar-u（上がる）	ag-e-ru（上げる）
6.	r ／ s	kae-r-u（帰る）	kae-s-u（帰す）
7.	e ／ as	nig-e-ru（逃げる）	nig-as-u（逃がす）

※表中の 1 〜 2 は自動詞が基本、3 〜 4 は他動詞が基本、5 〜 7 は基本と派生の区別ができないものである。

　意味に関しては、自他の対応がある自動詞（有対自動詞）は、主に意志のない無生物を主語として状態の変化を示すものが多い。この点では、有対自動詞には非対格動詞と共通する特徴があるといえる。
　また、面白いことに、日本語で自他の対応がある動詞は、英語では同じ形で自動詞にも他動詞にもなる自他交替が可能な動詞が多い **File 12**。(20)の「開く−開ける」に対応する英語は、自動詞でも他動詞でも open で、(21)

※21　Jacobsen (1991) は 15 通りのパターンと例外を提示している。

の「折れる－折る」は、自動詞でも他動詞でも break である。これ以外にも (22) に示すように、日本語で自他の対応のある動詞の多くが、英語で自他交替を許す。

(22) roll（転がる／転がす）、break（壊れる／壊す）、sink（沈む／沈める）、close（閉まる／閉める）、melt（溶ける／溶かす）

日本語でも自他交替は起こる。たとえば「増殖する」という動詞は、(23) のように自動詞としても (24) のように他動詞としても使うことが可能である。

(23) 新種のウイルスが増殖した。
(24) 日本の研究者が新種のウイルスを増殖した。

このような動詞は、日本語の場合は**自他同形**とよばれるが、その数はかなり限られている。以下 (25) にあげる動詞は、すべて自他同形の動詞である。

(25) 増殖する、開始する、加速する、オーバーする、オープンする、増す、閉じる、伴う、開く

これらの中には「開始する」や「オープンする」など、軽動詞 File 3 を使ったものが多い。しかし、「増す」や「閉じる」のように、そうでない例も存在することから、自他同形は軽動詞には限らないということがわかる。

参考文献

奥津敬一郎 (1967).「自動化・他動化および両極化転形―自・他動詞の対応―」『国語学』70号、46–60.

須賀一好・早津恵美子（編）(1987).『動詞の自他』東京：ひつじ書房

杉本武 (1991).「ニ格をとる自動詞―準他動詞と受動詞―」仁田義雄（編）『日本語のヴォイスと他動性』(pp. 233-250). 東京：くろしお出版

影山太郎 (1993).『文法と語形成』東京：ひつじ書房

岸本秀樹 (2005).『統語構造と文法関係』東京：くろしお出版

Burzio, Luigi. (1986). *Italian syntax: A government-binding approach.* Dordrecht: Reidel.

Perlmutter, David M. (1978). Impersonal passives and the unaccusative hypothesis. *Proceedings of the 4th Annual Meeting of the Berkeley Linguistic Society,* 157–189.

Jacobsen, Wesley. (1991). *The transitive structure of events in Japanese.* 東京：くろしお出版

Kishimoto, Hideki. (1996). Split intransitivity in Japanese and the unaccusative hypothesis. *Language, 72,* 248–286.

Tsujimura, Natsuko. (1990). Ergativity of nouns and case assignment. *Linguistic Inquiry, 21,* 277–287.

練習問題

A. 次の動詞を自動詞、他動詞、三項動詞に分けなさい。

押す、泣く、見せる、渡す、歩く、着く、食べる、できる、勉強する

B. 下線で示した動詞が非能格動詞か非対格動詞かを判断し、主語を特定してその意味役割を答えなさい。
 (1) 小さい子どもが、一所懸命に走っていた。
 (2) その火事で、大事な写真が全部燃えてしまった。
 (3) 私がその店を出たとき、彼が店の前で転んだ。
 (4) たくさんのガラスが粉々に割れた。

File 12 ● 動詞（2）

■動詞の意味による分類

　動詞を意味に基づいて大きく2つに分けることがある。**動態動詞**（dynamic verb）は人や物の動きを表す動詞で、(1)に示すように動作や変化を表す動詞が含まれる。これに対して**状態動詞**（stative verb）は、状態や存在を表す動詞である。(2)のように、状態や存在だけでなく可能や必要の意味を表す動詞も状態動詞に含まれる。

(1) 　動態動詞：飛ぶ、話す、食べる、忘れる、壊れる、開く、落とす
(2) 　状態動詞：ある、いる、わかる、できる、要る

　動態動詞は、動きの主体となるものの意志が働くかどうか、また動作をコントロールできるかどうかによって、さらに2つに分けることがある。たとえば、「踊る」や「食べる」は主語の意志があり、それが動作をコントロールすることから**意志動詞**とよばれる。これに対して、「忘れる」や「壊れる」は通常、その動作が主体の意志によってコントロールされないことから**無意志動詞**とよばれる。

■状態動詞の特徴

　状態動詞は主語や直接目的語に付く格助詞に関して、動態動詞とは異なる性質をもっている。動態動詞の場合、(3)に示すように他動詞の主語には主格の「が」が用いられ、直接目的語には対格の「を」が用いられるが、状態動詞では、(4)の「が－が」や(5)の「に－が」のパターンが使われる File 10 。また、(6)の「が－を」は使われることもあるが、(7)の「に－を」

は許されない。

(3) リエが英語を話す。
(4) リエが英語がわかる。
(5) リエに英語がわかる。
(6) リエが英語をわかる。
(7) ＊リエに英語をわかる。

このような格助詞付与のパターンは、「好き」や「欲しい」といった形容詞や「上手だ」のような形容動詞にも当てはまる。これらをまとめて、2つの項を要求する**状態動詞類**（stative verbal）という。

しかし、上記(4)〜(6)のような格助詞付与のパターンは、すべての状態動詞類に共通というわけではない。たとえば、存在を表す「ある」や「いる」の場合、(8)と(9)に示すように「が－を」も許されない。

(8) ＊リエが大きい家をある。
(9) ＊リエが優しい恋人をいる。

よって、どのような格助詞付与のパターンが可能かということは、個々の動詞類によって決まる語彙的な特徴だと考えられる。

■動詞のアスペクトによる分類

アスペクト（aspect）**File 14** をもとにして動詞を分類することがある。アスペクトとは、出来事の時間的な展開を表す文法形式で、「ーている」、「ーてある」、「ーておく」などによって表される。しかし、動詞自体にもアスペクトの特性がある。これを**語彙アスペクト**（lexical aspect）とよぶ。ここで動詞が本来もっている語彙アスペクト特性をもとにして動詞の分類を行ったベンドラーと金田一の分類法を紹介しよう。

ベンドラー(Vendler, 1967)は3つのアスペクト特性に基づいて、動詞の意味を**状態**(state)、**活動**(activity)、**達成**(accomplishment)、**到達**(achievement)に区分し、表1のように分類した。

表1　ベンドラーの動詞4分類

	動態性	限界性	瞬時性	動詞の例
到達動詞 achievement	+	+	+	find, recognize, die
達成動詞 accomplishment	+	+	−	make a chair, run a mile
活動動詞 activity	+	−	−	run, walk, swim
状態動詞 state	−	−	−	see, love, know, believe

　表1の3つのアスペクト特性は「+」または「−」のいずれかで表される。これらの特性を1つずつ見ていこう。まず、**動態性**(dynamicity)は出来事が動作を表すのか状態を表すのかという区別である。これによって、動作を表さない「−」の状態動詞だけが、他の「+」の動詞と区別される。次に、**限界性**(telicity)だが、これは動作に必然的な終わりが存在するかどうかという特性である。たとえば、findやmake a chairは「+」で、その動作に終止点が存在する**限界**(telic)という特性をもつ。これに対して、runやseeは動作の終わりが必ずしも存在しない**非限界**(atelic)で「−」という値をもつ。この特性によって、{到達動詞と達成動詞}と{活動動詞と状態動詞}を分けることができる。最後に、**瞬時性**(punctuality)によって、動作が瞬時的である「+」の到達動詞と動作は瞬間的でないそれ以外の「−」の動詞が区別される。

　ベンドラーの分類は英語の動詞に関するものであり、そのまま日本語の動詞に当てはまるわけではない[22]。しかし、この分類方法は多くの言語に有効だと考えられ、後の研究に大きな影響を与えている。

※22　影山(1996)を参照。

一方、ベンドラー以前に、金田一（1950）は日本語の動詞に関して、アスペクトを表す「－ている」の付与をもとにした分類を試みている。表2がその分類である。

表2　金田一の動詞4分類

	「－ている」の意味機能	動詞の例
第一種（状態動詞）stative	「－ている」は用いられない	ある、いる、要する
第二種（継続動詞）continuative	進行を表す	歌う、歩く、働く
第三種（瞬間動詞）instantaneous	結果を表す	結婚する、死ぬ、失う
第四種の動詞 type 4	常に「－ている」が用いられる	そびえる、似る、優れる

　この分類では、第一種と第四種はどちらも**状態動詞**である。第一種は通常、「－ている」が使用されない動詞で第四種が常に「－ている」が使用される動詞である。第二種と第三種は、どちらも動作・作用を表す動詞とされ、「－ている」が付いたときに、どのような意味を表すかによって区別される。第二種の**継続動詞**は、「歌っている」、「歩いている」など動作が進行中であることを表し、第三種の**瞬間動詞**は「結婚している」、「死んでいる」など、動作の結果の残存を意味する。なお、「－ている」の詳細については File 14 で扱う。

■その他の意味的な分類

　上記以外にも、動詞の意味に関して比較的頻繁に使われる分類や名称がある。これらの多くは、英語の動詞に関するものだが、ここで簡単に取りあげておくことにする。なお、日本語の例は必要に応じて併記する。

　英語では、しばしば、**自他交替**（transitivity alternation）という観点から動詞の分類を行う。自他交替とは、ある動詞が自動詞としても他動詞としても同じ形で使用されることで、これには意味的な制約が関係していると考え

られている。自他交替が可能な動詞の代表に、(10) の**状態変化の動詞**（**change of state verb**）があげられる。

(10)　break, open, melt, shrink
　　　（壊れる、開く、溶ける、縮む）

状態変化の動詞は、動作主が使役的な動作を行い、対象となる人や物に変化が生じる。ちなみに、これらの動詞は使役の意味を含むので使役動詞 **File 23** として捉えることもある。
　自他交替を許すもう1つの代表的な動詞が、(11) の**様態動詞**（**manner of motion verb**）である。

(11)　roll, swing, bounce, float
　　　（転がる、揺れる、弾む、浮かぶ）
(12)　run, walk, fly, swim
　　　（走る、歩く、飛ぶ、泳ぐ）

様態動詞は移動様態動詞ともよばれ、(11) の他に (12) のような動詞も含まれる。しかし、自他交替を許すのは (11) の動詞だけで、通常 (12) の動詞は自動詞としてのみ使用される。
　また、様態という意味は含まずに移動のみを表す動詞を**移動動詞**（**motion verb**）とよぶ。(13) に示すような動詞がこれに相当する。

(13)　go, come, return
　　　（行く、来る、帰る）

この他に、**心理動詞**（**psychological verb**）とよばれる動詞がある。心理動詞は、驚きや喜びなどの心的状態を表すが、その対象である経験者が主語に用いられる (14) のような動詞と経験者が直接目的語に用いられる (15) のよ

うな動詞がある。ちなみに、(15)の心理動詞はすべて使役動詞でもある。

(14) fear, love, admire
    (怖れる、愛する、賞賛する)
(15) surprise, please, frighten
    (驚かす、喜ばす、怖がらす)

最後に、**知覚動詞**(perceptual verb)に触れておこう。これは、(16)のように人や動物の知覚に関する動詞である。この中には、視覚に関する動詞、聴覚に関する動詞、嗅覚や味覚に関する動詞などが含まれる。

(16) see, hear, taste
    (見る、聞く、味わう)

参考文献

影山太郎 (1996).『動詞意味論―言語と認知の接点―』東京：くろしお出版

金田一春彦 (1950).「国語動詞の一分類」『言語研究』15号、48–63.

久野暲 (1973).『日本文法研究』東京：大修館書店

Levin, Beth. (1993). *English verb classes and alternations: A preliminary investigation.* Chicago, IL: The University of Chicago Press.

Levin, Beth, and Rappaport Hovav, Malka. (1995). *Unaccusativity: At the syntax-lexical semantics interface.* Cambridge, MA: MIT Press.

Pinker, Steven. (1989). *Learnability and cognition: The acquisition of argument structure.* Cambridge, MA: MIT Press.

Vendler, Zeno. (1967). *Linguistics in philosophy.* Ithaca, NY: Cornell University Press.

File 12 ●動詞（2）

🖉 練習問題

A. 次の動詞を動態動詞と状態動詞に分け、動態動詞は、さらに意志動詞と無意志動詞に分けなさい。

　　買う、転ぶ、わかる、つかむ、閉める、閉まる、似る、書く

B. 以下の文で下線を引いた動詞を、表1（ベンドラーの分類）と表2（金田一の分類）の2通りの方法で分類しなさい。

　　ずっと探していた指輪が見つかった。机の下にあったのだ。

File 13 ● 時制（テンス）

■時制と活用形

　時制（tense）、または**テンス**は、発話の時点で文の表す内容が現在、過去、未来といった時間軸のどこに位置するのかを示す文法的な表示である。日本語の文法は、非過去（non-past）と過去（past）の2つの時制を表す。述語の活用形がル形の場合は非過去で、タ形の場合が過去である。ここでは、まず、この2つの活用形から見ていこう。

　ル形とは、動詞の場合に「－る」で終わる語が多いことからこのようによばれるが、辞書形または基本形といってもよい File 20 。学校文法では終止形のことである。表1が示すように、ル形の語尾は品詞および普通体と丁寧体 File 27 の違いによって様々な形をとる。一方、**タ形**とは表2のように、動詞の語尾が「－た」や「－だ」になる形のことをいう。こちらも、品詞や普通体と丁寧体の違いによって様々な形がある。

表1　ル形の様々な形と語例

	普通体	丁寧体
動詞	－る、－く、－う、などの辞書形 （食べる、行く、買う）	－ます（食べます、行きます）
形容詞	－い（高い）	－いです（高いです）
形容動詞	－だ（静かだ）	－です（静かです）
判定詞	－だ（本だ）	－です（本です）

表2　タ形の様々な形と語例

	普通体	丁寧体
動詞	－た、－だ（食べた、泳いだ）	－ました（食べました、泳ぎました）
形容詞	－かった（高かった）	－かったです（高かったです）
形容動詞	－だった（静かだった）	－でした（静かでした）
判定詞	－だった（本だった）	－でした（本でした）

File 13 ●時制（テンス）

■ ル形の時制

　ル形が表す時制は**非過去**（**non-past**）である。非過去とは過去以外、すなわち現在と未来のことを指す。ル形が現在を表すのか未来を表すのかは、述語 File 2 の意味によって決まる。

　ル形が現在を表すのは**静的述語**の場合に限られる。静的述語とは、人や物の状態や性質を表す述語で、(1) の状態動詞 File 12 や (2) の形容詞 File 2 が、その代表的なものである。これらの文では、ル形の述語が現在の状態を表している。

(1)　あの学生はよく英語ができる。
(2)　白畑さんの話は面白い。

これに対して、**動的述語**が使われると、ル形は未来を表す。以下 (3) と (4) の述語は未来に起こる動作を示している。

(3)　彼らは結婚する。
(4)　伊勢丹でいちじくを買う。

動的述語に使われたル形が未来を表さない例外的なものもある。たとえば、(5) に示した文は習慣を表しているので、ル形が未来を表しているとはいえない。また、(6) の例でもル形が動的述語に使われているが、ここで表されているのは、時間を超越した事態である。

(5)　太郎は 7 時に起きる。
(6)　日本人は米を食べる。

■タ形の時制

　タ形は、静的述語でも動的述語でも**過去**（past）を表す。上記(1)～(4)の文にタ形を使用したのが(7)～(10)の文である。(7)と(8)は静的述語を、(9)と(10)は動的述語を含む文だが、これらはすべて過去を表している。

　(7)　　あの学生はよく英語ができた。
　(8)　　白畑さんの話は面白かった。
　(9)　　彼らは結婚した。
　(10)　　伊勢丹でいちじくを買った。

　タ形は、過去という時制を表す以外に、完了というアスペクト File 14 を表す機能もある。たとえば、(11)の文における「読みました」は過去の意味として捉えることができるが、それだけではない。

　(11)　　その本、読みましたか。

もしも、単に過去の事実に関して質問しているだけならば、その返答は、(12)のようなものになるだろう。これに対して、(13)のような返答が行われる場合は、(11)の質問は単に過去の事実を聞いているのではなく、発話の時点で「読む」という行為が完了しているかどうかを聞いているということになる。この場合のタ形は**完了**というアスペクトを表している。

　(12)　　いいえ、読みませんでした。
　(13)　　いいえ、まだです。（いいえ、読んでいません。）

(11)のような肯定文（肯定の疑問文）の場合は、文脈からタ形が過去なのか完了なのかを判断するしかない。しかし、否定文の場合は、(12)と(13)のような違いが出てくる。すなわち、タ形を用いた場合は常に過去を表し、完

了の意味を表すことはない。完了の意味を表したいときは (13) のカッコ内に示したように「－ている」を使うことになる。

タ形には、もう1つ、(14) や (15) に示すようなモダリティ File 15 としての用法がある。

(14) 明日は日曜日だった。
(15) あっ、こんな所にあった。

(14) の文は、過去のある時点では認識していたのに、その後忘れていて、発話時に思い出したときの表現である。これを**想起**という。また、(15) の場合も、過去のある時点から続いている事態であっても、それを認識したのが発話時であることを示している。これを**発見**という。

これらのように、タ形には過去という時制を表す他に、完了のアスペクト、また、想起、発見といったモダリティを表す用法がある。

■従属節の時制

これまでは、ル形とタ形が主節で使用される単文を扱ってきた。この場合、基本的には、文の発話時点を基準とした時制がル形やタ形によって表された。ところが従属節 File 6 の中のル形やタ形は、発話時点ではなく、主節の出来事が成立した時点を基準とするのが原則となる。たとえば、以下の文における「主節の出来事の成立時点」というのは、「思う」時点のことである。その時点で、(16a) では従属節の内容が完了していないことをル形が表し、(16b) では完了していることをタ形が表す。

(16) a. 次郎は成功すると思う。［従属節ル形＋主節ル形］
　　　b. 次郎は成功したと思う。［従属節タ形＋主節ル形］

また、主節の動詞がタ形になった (16c) と (16d) の例では、「思った」とい

う過去の時点を基準とする。この時点で、従属節のル形 (16c) は完了していないことを表し、従属節のタ形 (16d) は完了していることを表す。

(16) c. 次郎は成功すると思った。[従属節ル形＋主節タ形]
　　 d. 次郎は成功したと思った。[従属節タ形＋主節タ形]

このように従属節内のル形やタ形は絶対的な時制を表すわけではないので、これを**相対時制**（relative tense）とよぶことがある。
　もう1つ、時を表す従属節「－とき」に現れるル形とタ形の例を見ておこう。この場合も、主節の出来事の成立時点を基準に、従属節の出来事が完了していないのか（ル形）、完了しているのか（タ形）が表される。主節と従属節におけるル形とタ形の4つの組み合わせを (17a) ～ (17d) に示す。

(17) a. 横浜に行くとき、叔母に会う。[従属節ル形＋主節ル形]
　　 b. 横浜に行ったとき、叔母に会う。[従属節タ形＋主節ル形]
　　 c. 横浜に行くとき、叔母に会った。[従属節ル形＋主節タ形]
　　 d. 横浜に行ったとき、叔母に会った。[従属節タ形＋主節タ形]

主節にル形が使われている (17a) と (17b) は、「会う」が未来を表している。その未来の時点において、従属節にル形が使われた (17a) は、「行く」ことが完了していないことを表している。これに対して従属節にタ形が使われた (17b) は、「行く」ことが完了している。つまり、(17a) では「叔母に会うのが先で、その後に横浜に行く」ことになり、(17b) では「横浜に行くことが先で、その後に叔母に会う」ということになる。(17c) と (17d) は、主節の動詞がタ形になっただけで、従属節との関係は (17a)、(17b) と変わらない。つまり、過去のある時点で、(17c) は「叔母に会い、その後に横浜に行った」という意味で、(17d) は逆に「横浜に行って、その後に叔母に会った」ことを示している。ただし、「－とき」は時間ではなく条件的な意味を表すこともあり、その場合は、ここで説明した主節と従属節の時間的推移は当て

はまらないことがある。たとえば (17a) の「横浜に行くとき」は、「横浜に行くことがあれば／行くならば」という条件を表すとも解釈できる。この場合は、ル形で表された「−とき」節の出来事が主節の出来事に先行するので、「横浜に行き、その後に叔母に会う」ということになる。

　この他にも、従属節で使われるル形とタ形は、節によって異なる意味をもつ場合、どちらか一方しか使えない場合、また、発話時を基準とした解釈を受ける場合などがある[※23]。

📖 参考文献

工藤真由美 (1995).『アスペクト・テンス体系とテクスト―現代日本語の時間の表現―』東京：ひつじ書房

久野暲 (1973).『日本文法研究』東京：大修館書店

鈴木重幸 (1979).「現代日本語の動詞のテンス―終止的な述語につかわれた完成相の叙述法断定のばあい―」言語学研究会（編）『言語の研究』(pp. 5–59). 東京：むぎ書房

寺村秀夫 (1984).『日本語のシンタクスと意味 II』東京：くろしお出版

日本語記述文法研究会（編）(2007).『現代日本語文法 3』東京：くろしお出版

三原健一 (1992).『時制解釈と統語現象』東京：くろしお出版

✏️ 練習問題

A. 下線部の出来事は未来、現在、過去のうちどれを表しているか特定しなさい。
  (1) どんな曲でも弾けます。
  (2) 忙しいけど、5 キロ位は走るよ。
  (3) 叔母は入院しましたが、叔父は元気です。
  (4) イギリスで建築を勉強します。

※ 23　『現代日本語文法 3 』の 6 章を参照。

B.　下記の問いかけに対する返答が不適切な理由を説明して、下線を付けた文を適切な形に書き換えなさい。
 (1) もうランチ、食べましたか。　いいえ、食べませんでした。
 (2) 今はどんな仕事ですか。　英語を教えます。

File 14 ● アスペクト（相）

■文法的アスペクト

アスペクト（aspect）、日本語で相とは、出来事の時間的な展開を表す文法形式のことをいう。時間に関わるという点では時制 File 13 と同じだが、時制は発話時点の時を示すものである。これに対して、アスペクトは出来事の開始、継続、終結などの段階を表す。たとえば、(1)の「食べている」と(2)の「食べていた」は両方とも、食べるという出来事が継続中であるという段階を示している。これを表すのが「－てい」のアスペクトで、「－る」と「－た」が発話時点での時、すなわち時制ということになる[※24]。

(1) 今、食べています。
(2) その時、食べていました。

アスペクトには動詞など、語の意味に内在する**語彙アスペクト**（lexical aspect）File 12 と「－ている」などによって示される**文法的アスペクト**（grammatical aspect）がある。ここでは文法的アスペクトを見ていく。

日本語の代表的な文法的アスペクトは、上述の「－ている」で、これは動態動詞 File 12 に使われる。(3)のような状態動詞 File 12 に通常使われないのは、そもそも、アスペクトが動態性のある出来事の側面を表すものだからである[※25]。

(3) *千代子に子どもがいている。

※24 「－た」がアスペクトを表す用法については File 13 を参照。
※25 しかし、金田一の動詞の4分類 File 12 で示されているとおり、一部の状態動詞（第四種の動詞）には「－ている」が付くものもある。

(4)　この問題はできている。

ところが、(4)の場合は、状態動詞に「－ている」が付いている。これは、(4)のような可能を表す事態は一定だとは限らないので、その一時性を表すために「－ている」が使われているのである。

■「－ている」のアスペクト

　「－ている」は、動詞のテ形に補助動詞「いる」 File 3 が付いた形である。また、テ形の「て」自体は接続助詞 File 18 である。通常、「－ている」という形でアスペクトを示すので、これをひとまとまりとして捉えることが多い。
　「－ている」は、主に2つのアスペクトを表す。1つは**継続**で、(5)のように「歌う」という出来事が始まっているが、まだ終わってはいない進行中の状態であることを示す。もう1つは**結果の残存**で、(6)のように、「壊れる」という出来事はすでに終結した状態にあり、その結果を表す用法である。

(5)　裕美子がその番組で歌っている。
(6)　その時計は壊れている。

これら2つの用法は、動詞の意味に密接に関係している。継続を表すためには、動詞自体がある程度の継続した出来事を表す必要がある。よって、(5)の「歌う」という動詞では継続の意味が出てくるが、(6)の「壊れる」ではそのようにならない。壊れるという出来事は、一瞬のことで継続性がないからである。「壊れる」以外にも、(7)～(9)の「止まる」「死ぬ」「落ちる」など、継続性がない動詞に「－ている」を付けても継続を表すことはできない（ File 12 を参照）。

(7)　ホテルの玄関に彼の車が止まっている。

(8) この地では、戦争で多くの人が死んでいる。
(9) 赤い財布が台所に落ちている。

これらの動詞に付いた「－ている」は結果の残存を表すことになる。つまり、「止まる」「死ぬ」「落ちる」という出来事は一瞬で変化し、その結果として残っている状態というアスペクトを「－ている」が表しているのである。
「－ている」には、これらの基本的な用法の他に、(10)の**反復**や**習慣**を表す用法、(11)の**完了**を表す用法、(12)の**経験**を表す用法もある。

(10) 毎朝、コップ1杯の水を飲んでいます。
(11) その映画は、もう見ている。
(12) オーストラリアには2度行っている。
(13) 彼女の身体能力は非常に優れている。

また、(13)の「優れる」のように、常に「－ている」の形で使われる動詞もある File 12 。この場合の「－ている」は、アスペクトというより人や物の性格や属性を表す表現となる。

■その他の文法的アスペクト

「－ている」以外にも、「－てある」、「－ておく」、「－てしまう」、「－ていく」、「－てくる」などはアスペクトを表す。これらはすべて、動詞のテ形に補助動詞が付いた形である。1つずつ見ていこう。
「**－てある**」は基本的には他動詞に付けて結果の残存を表す。(14)と(15)の文では、動詞が表現する出来事はすでに終結しており、その結果として引き起こされた状態に注目している。

(14) 倉庫に荷物が／を積んである。
(15) もうその本が／を買ってある。

これらの表現では、主題 File 7 に付く格助詞に主格と対格 File 8 のいずれかを使えることが多い。「が」が使われた場合は、主題そのものに着目した表現となり、「を」が使われると、動作主の行為を中心に全体としての結果の残存を捉えた表現となる。

「－ておく」は、時間軸のある時点までに行為が完了することを表す。(16) や (17) のように、意志動詞 File 12 であれば自動詞にも他動詞にも使うことができ、話し言葉では、しばしば「－とく」という形になる。

(16)　今のうちに、寝ておこう。
(17)　冷蔵庫に残った食材を入れておいた。

「－てしまう」も「－ておく」同様、完了を表す。(18) のような無意志動詞にも (19) と (20) のような意志動詞にも使われ、出来事の終結を表して元の状態には戻らないという意味をもつ。

(18)　あの時計が壊れてしまった。
(19)　うっかり、しゃべってしまった。
(20)　残りの仕事を片付けてしまった。

特に、助動詞「た」が続いて過去を表す場合は、(19) の後悔、(20) の達成感など、話し手の評価も表すことがある。話し口調では、しばしば「－ちゃう」という形をとる。

「－ていく」と「－てくる」にはアスペクトを表す用法とそうでないものがある。(21) と (22) の文に使われている「行く」や「来る」は、移動動詞本来の空間移動の意味であり、アスペクトを表しているわけではない。

(21)　学校には、歯を磨いて行きなさい。
(22)　今日はバスに乗って来た。

(21)では「磨く」行為と「行く」行為が続いて起こることを示すために、2つの動詞を並列的に使っている。また、(22)は「来る」という移動の様態として「(バスに)乗る」という動詞が使われている。これに対して、以下の(23)～(25)はアスペクトを表す用法である。これらの例では「いく」と「くる」が時間的な推移を表す語として使われている。つまり、「－ていく」はある時点以後のことを表し、「－てくる」はある時点までのことを表す。

(23) 食べる量を徐々に減らしていこう。
(24) 雪が降ってきた。
(25) 仕事を辞めることをずっと考えてきた。

(23)は、時の経過とともに起こる変化を表すもので、**変化の進展**という。変化の前に視点を置き、先のことを言う場合は「－ていく」を使い、変化後の視点で振り返るときは「－てくる」を使う。(24)は**状態の出現**を表す用法で、通常は「－てくる」しか使わない。これまでなかった状態が起こることをいう。(25)は**長期的継続**を表す用法で「－ていく」と「－てくる」に関する視点のとり方は(23)と同じである。

参考文献

奥田靖雄 (1978).「アスペクトの研究をめぐって (上)(下)」『教育国語』53号、33-44、54号、14-27.

金田一春彦 (1950).「国語動詞の一分類」『言語研究』15号、48-63.

工藤真由美 (1995).『アスペクト・テンス体系とテクスト―現代日本語の時間の表現―』東京：ひつじ書房

高橋太郎 (国立国語研究所)(1985).『日本語のテンスとアスペクト』東京：秀英出版

寺村秀夫 (1984).『日本語のシンタクスと意味II』東京：くろしお出版

練習問題

A. 次の動詞に「－ている」を付けて文を作り、それぞれの動詞が継続を表すのか、結果の残存を表すのか、特定しなさい。
　　飲む、倒れる、書く、座る、着く、泣く

B. 次の文に使われている「－ている」のアスペクトは何を表すか、継続、結果の残存、反復や習慣、完了、経験の中から特定しなさい。
(1) 来月分の家賃はもう払っていますよ。
(2) テレビを見ていたときは、気づかなかった。
(3) 毎日9時から5時まで働いています。
(4) 昨日着ていた服は、どこで買ったんですか。

File 15 ● モダリティ

■命題とモダリティ

　文が表す中心的で客観的な意味内容を**命題**(proposition)といい、それをどのように伝えるか話者の主観を表現する部分を**モダリティ**(modality)、または日本語で**様相性**という。たとえば、以下の文の命題は鍵カッコの部分で、モダリティは下線の部分で示されている。

(1)　　［エリカは引退する］らしい。
(2)　　どうやら［エリカは引退する］らしい よ。

これらの文では、伝達する意味内容に話者の推測を表現する方法として、「らしい」という助動詞 File 17 を使っている。しかし、モダリティを表す語は助動詞に限らない。(2)では「どうやら」という副詞と「よ」という終助詞 File 18 によって話者の心的な状態が表現されている。これらもモダリティを表す語である。

　このように日本語のモダリティは様々な形をとり、複合的に使われることもある。表1では、モダリティを表す文法形式を文例とともに示した。

表1　モダリティ表す文法形式

文法形式	文例	モダリティ
活用形	よく聞け。	命令
助動詞	明日、発売するらしい。	推定
助詞	嘘だよ。	伝達態度
副詞	たぶん行きます。	確信性の度合い
感動詞	あのう、いいですか。	躊躇
イントネーション	食べる。（上昇イントネーション）	疑問

モダリティの代わりに**ムード**（mood）という用語が使われることもある。ムードもモダリティと基本的には同じだと考えてよいが、ムードという用語は、特に述語の語形変化に関して使うことがある。たとえば英語の「仮定法」（subjunctive mood）という時の「法」がムードの日本語訳であり、英語の仮定法は動詞の時制という形態によって表される。
　モダリティは様々な角度から分類される。以下では助動詞によって表されるモダリティを中心に扱う。しかし、その分類やモダリティを指す用語は、統一されていないものが多い。ここでは、できるだけ標準的で平易な表現を採用するように努めたが、研究者によって用語にずれがあるということをあらかじめ記しておく。

■対事的モダリティと対人的モダリティ

　命題に対して、話者の判断を表すモダリティを**対事的モダリティ**、または**判断のモダリティ**などという。これには、表2に示すようなものが含まれる。これらのいくつかについては、若干の説明を加えておこう。5の推定と伝聞は、ともに証拠と捉えることもできる。何らかの情報に基づいた上での認識だからである。話者が自分自身の観察をもとにしたものが推定で、他者から伝え聞いた情報に基づく認識が伝聞である。なお、伝聞で使われる「そうだ」と兆候の「そうだ」は同じ形だが、伝聞の場合は終止形に付き、兆候の場合は連用形に付く。7の義務・禁止と忠告・勧告は、広義では必要という捉え方ができる。これらは、すべて何らかの望ましい事態を表す。「なければならない」は実現されないことが許されないこと、「方がよい」は他の事態との対比においての判断、「べきだ」は妥当性を表す。
　表2の対事的モダリティは大きく2つに分けることができる。1〜6は**認識のモダリティ**（epistemic modality）といわれ、話者の事態に関する認識的態度を示す。一方、7と8は、**評価のモダリティ**（deontic modality）とよばれ、話者の事態に関しての必要性や許容などの評価的な捉え方を表す。

表2 対事的モダリティ（認識のモダリティ1〜6と評価のモダリティ7〜8）

	モダリティ	文例	形式
1	断定	その店はつぶれる。	ル形
2	確信	その店はつぶれるはずだ。	はずだ、にちがいない
3	推量	その店はつぶれるだろう。	だろう、でしょう、と思う
4	可能性	その店はつぶれるかもしれない。	かもしれない
5	推定	その店はつぶれるようだ。	ようだ、らしい、みたいだ
5	伝聞	その店はつぶれるそうだ。	そうだ
6	兆候	その店はつぶれそうだ。	そうだ
7	義務・禁止	その店はつぶれなければならない。	なければならない、てはいけない、てはならない
7	忠告・勧告	その店はつぶれる方がよい。	方がよい、べきだ、することだ、ものだ
8	許可	その店はつぶれてもよい。	てもよい、なくてもよい

対人的モダリティは、聞き手に対する話者の態度を表す。これには表3に示すものが含まれる。この中で話者自身の内面の表出と捉えられるものが、9の意志と願望である。意志は、行為の実行を決めたことを表し、願望は話者自身の欲求や他者の行動に対する期待を表す。これに対して、10は話者が聞き手に何らかの行為の実行を求めるもので、これを働きかけのモダリティ、または行為要求のモダリティなどとよぶ。行為の実行を誘いかけるのが勧誘で、行為の実行を要求するのが命令や依頼である。

表3 対人的モダリティ

	モダリティ	文例	形式
9	意志	ラーメンを食べよう。	よう、する
9	願望	ラーメンが食べたい。	たい、てほしい
10	勧誘	ラーメンを食べよう。	よう、ようか、ないか
10	命令	ラーメンを食べろ。	しろ、しなさい
10	依頼	ラーメンを食べてくれ。	てくれ、てください

■「のだ」のモダリティ

　日本語学で頻繁に取りあげられる「**のだ**」は、形式名詞または準体助詞の「の」File 3, 18 に判定詞「だ」が付いたものである。「のだ」という単位で捉えられることが多く、「のです」「**んだ**」「**んです**」という形にもなる。
　一般的には説明のモダリティと分類される「のだ」は、関連づけという機能をもっている。関連づけとは、先行文脈や状況が提供する情報に対して、話者しか知り得ない情報を結びつけることで、たとえば (3) のような説明や (4) のような前置きとして「のだ」が使われる。

(3)　駅前で事故があったんです。
(4)　実は、ちょっと話したいことがあるんです。

(3) は、たとえば「話者が遅刻した」という事実を話者と聞き手が共有していて、これに対して話者が理由となる情報を結びつけて、聞き手に提示する場合である。また、(4) では前置きとして「のだ」が使われているが、たとえば「話者が聞き手を呼び出した」という状況があって、これに対して話者が聞き手に理由となる情報を結びつけて、その内容を告白しようとしている。
　同じ関連づけでも、聞き手との情報共有を想定していない「のだ」の用法もある。たとえば、(5) や (6) の「のだ」は内言（独白）にも使われる。

(5)　へーえ、あの2人は付き合ってるんだ。
(6)　これでいいのだ。

これらの用法は、これまで認識していなかったことを話者が把握したときの「のだ」であり、客観的な関連づけを表す「**わけだ**」と言い換えられる場合もある。
　また、「のだ」には、以下の (7) や (8) のような命令としての用法もある。

(7)　早く出ていくんだ。(早く出ていけ。)
(8)　しっかり働くのですよ。(しっかり働けよ。)

これらの場合、必ずしも関連づけは明確ではない。しかし、カッコに示した命令文と比べると、話者は何らかの背景知識として存在する情報をもとにして、聞き手に命令している(新たな情報を提供している)ことがわかる。

参考文献

仁田義雄・益岡隆志(編)(1989).『日本語のモダリティ』東京：くろしお出版
益岡隆志(1991).『モダリティの文法』東京：くろしお出版
寺村秀夫(1984).『日本語のシンタクスと意味II』東京：くろしお出版
日本語記述文法研究会(編)(2003).『現代日本語文法4』東京：くろしお出版

練習問題

A.　次の文の命題に鍵カッコを付け、モダリティを表す語句に下線を引きなさい。
 (1)　こっちに来てほしい。
 (2)　ヒデキが記録を作ったそうだ。
 (3)　ステーキを食べるんだ。
 (4)　どうやら彼は嘘つきらしい。

B.　下線部の助動詞が表すモダリティに関して、まず対事的モダリティか対人的モダリティかを特定し、さらに表2と表3で使用した用語を使ってそれぞれどのようなモダリティを表すか特定しなさい。
 (1)　合格するかもしれない。
 (2)　どうぞ入ってください。
 (3)　ポールのライブは中止だそうだ。
 (4)　明日は早く起きよう。

File 16 ● 助動詞（1）

■助動詞とその分類

　助動詞は、品詞分類では付属語で活用のある語と位置づけられる。助動詞には、受身や使役などの態を表すものの他に、テンス、アスペクト、モダリティを表すものがある。これらの文法的な機能については、それぞれの項目を扱うファイルで説明することにして、ここでは助動詞という観点から、表1の二重線で囲った受身、可能、自発、尊敬、使役、打ち消し、過去、完了を表す語を見ていく。これら以外の助動詞は File 17 で扱い、助動詞の活用については File 21 で扱う。

表1　助動詞一覧

意味・機能	助動詞	他の参照ファイル	
受身、可能、自発、尊敬	れる・られる	File 22	受動態
使役	せる・させる	File 23	使役
打ち消し	ない、ぬ	——	——
過去、完了	た	File 13	時制
推定	らしい、ようだ、みたいだ	File 15	モダリティ
推量、意志	う・よう、まい	File 15	モダリティ
願望	たい、たがる	File 15	モダリティ
伝聞、兆候	そうだ	File 15	モダリティ
丁寧	ます	File 27	授受表現と待遇表現

※「だ」は判定詞（コピュラ）として File 3 で扱う

■「れる・られる」

　「れる・られる」は動詞の未然形に付く。また、助動詞「せる」、「させる」、「たがる」の未然形に付くこともある。「れる」は五段活用とサ行変格

活用の動詞に付き、「られる」は上一段活用、下一段活用およびカ行変格活用の動詞に付く。

用法は、下記の (1) 〜 (4) の例が示す 4 つである。

(1)　直樹が記者たちに責められた。(受身)
(2)　杉本は納豆も食べられる。(可能)
(3)　それでもいいように思われる。(自発)
(4)　社長が出張に行かれた。(尊敬)

受身は行為を受ける人や物の立場からの表現である File 22 。**可能**は助動詞だけではなく、「食べることができる」というような表現に置き換えられる。**自発**とは、意志とは関係なく自然に行動や認識の変化が起こることをいい、この意味を持ち得る動詞に限られる。(3) の他には、「感じる」、「考える」、「案じる」などが代表的なものである。**尊敬**は敬意の対象となる主語が使われた場合に用いられるが、助動詞で尊敬を表現する以外に敬語による表現もある File 27 。

可能の「れる・られる」については、**ら抜き言葉**とよばれる現象が起こる。ら抜き言葉とは、本来、助動詞の「られる」が使われるべきところに「れる」が使われるので、「ら」が抜けているように見えることをいう。上述のとおり、「られる」は上一段活用と下一段活用（およびカ変）に付くので、「着る」や「食べる」は、それぞれ「着られる」、「食べられる」のようになるはずである。しかし、実際には (5) のように、ら抜き言葉で使用されることも多い。

(5)　その服は、まだ着れるけど、捨ててしまおう。
　　　店の外にも食べれる場所がある。

これらの例文からもわかるように、ら抜き言葉に使われる「れる」は可能の意味に限られるという特徴がある。試しに、可能以外の用法で文を作ってみ

ると (6) のように非文法的な文になってしまう。

(6) ＊最近その服は、地元の人によって着れることもない。（受身）
＊社長がその服を着れるのは、どうかと思う。（尊敬）

ら抜き言葉は、動詞の活用の種類に関係なく助動詞「れる」を付けることで可能の意味を表すわけである。これは、「れる・られる」の用法が 4 つもあることを考えると、意味的な曖昧さを避けるための画期的な変化だともいえる。
　ところで、本来、五段活用の動詞に付く可能の「れる」は (7) のような形になるはずである。

(7) 　飲む → 飲まれる（飲める）
　　　貸す → 貸される（貸せる）

ところが実際は「飲まれる」や「貸される」は一部の方言以外では可能の意味で使わない。これは、五段動詞には「れる」ではなく「える」(-eru) を付けるというカッコに示したような可能専用の形が存在するためである。
　このことを踏まえた上で、もう一度ら抜き言葉を考えてみよう。ら抜き言葉は、上一段活用と下一段活用の動詞に付く「られる」を可能の意味に限定して「れる」にするというものであった。この「れる」をもう少し細かく分析するためにローマ字で示すと、たとえば「見る」(mir-u) の場合は「見れる」(mir-eru)、「食べる」(taber-u) の場合は「食べれる」(taber-eru) というように、実際は五段活用の可能形と同じ「える」(-eru) であることがわかる。つまり、ここで起こっていることは、五段動詞ではすでに確立している可能に関する変則的な形を、上一段活用や下一段活用の動詞にも取り入れようとする変化だと言える。

■「せる・させる」

　使役を表す「せる・させる」は動詞の未然形に付く。また、助動詞「たがる」の未然形に付くこともある。「せる」は五段活用とサ行変格活用の動詞に付き、「させる」は上一段活用、下一段活用およびカ行変格活用の動詞に付く。

　「せる・させる」という助動詞によって表された使役を形態的使役とよぶ。形態的使役が表す使役の意味は様々であり、たとえば(8)のような強制や(9)のような許可があるが、その詳細は File 23 で見ていく。

(8)　先生はその生徒を無理やり帰らせた。(強制)
(9)　気分が悪いので、帰らせてください。(許可)

　使役の「せる・させる」と受身の「れる・られる」は同時に使うことができる。その場合、助動詞の順番は(10)のように必ず「せる・させる」が先で、これに「れる・られる」が続く。カッコ内に示すような逆の順番は許されない。

(10)　行かせられる (* 行かれさせる)
　　　食べさせられる (* 食べられさせる)

また、五段活用の動詞では、「せられる」が「される」になることが多い。よって、上記(10)の例では、「行かせられる」は「行かされる」となる。

■「ない」・「ぬ」

　打ち消しを表す「ない」と「ぬ」は動詞の未然形に付く。また、助動詞「れる」、「られる」、「せる」、「させる」、「たがる」の未然形にも付く。なお、サ行変格活用の動詞の場合、(11)のように未然形の「し」には「ない」が

付き、「せ」には「ぬ」が付く。「ぬ」は文語的な表現である。

(11) 容赦はしない。
　　　容赦はせぬ。

また、「ない」は形容詞や形容動詞の連用形に付く。
　「ない」と「ぬ」は用言を打ち消して**否定形**となる。(12) は動詞に、(13) は助動詞 (「させ」) に付く例である。

(12) 今日は伊勢丹に行かない／行かぬ。
(13) 今日は伊勢丹に行かせない／行かせぬ。
(14) ＊今日はバーゲンがあらない／あらぬ。(今日はバーゲンがない。)

また、(14) は動詞の「ある」の例だが、この場合打ち消しの「ない」も「ぬ」も使えない。よって、この場合はカッコ内に示したように形容詞の「ない」を使って存在の否定を表すことになる[26]。
　また「ない」は (15) のように上昇イントネーションを用いて否定疑問文で使う。このときはしばしば**勧誘**の意味を表す。対比のために、丁寧体の「ます」を使った文を (16) に示しておく。

(15) 今日は伊勢丹に行かない。(上昇イントネーションで)
(16) 今日は伊勢丹に行きませんか。

■「た」

　「た」は用言の連用形に付く。ただし、助動詞の「ぬ」、「う」、「よう」、「まい」には付かない。「た」は主に**過去**という時制 (テンス) File 13 を表す

※26　ただし、「あらぬ疑い」などとは言える。

が、完了のアスペクト File 14 や想起、発見といったモダリティ File 15 を表すこともある。(17)のように通常は「た」の形をとるが、イ音便と撥音便 File 20 が起こる場合は、(18)のように「だ」という音になる。

(17)　昨日伊勢丹に行った。
(18)　たくさんの本を読んだ。

また、「た」の仮定形「たら」は(19)のように、非過去と過去のいずれにも使うことができる。

(19)　先生に会ったら、何て言い訳していいかわからない。（非過去）
　　　先生に会ったら、あっさり許してもらえた。（過去）

この場合の「たら」には、順接の条件を表す接続助詞 File 18 という捉え方もある。

参考文献

北原保雄 (1981).『日本語助動詞の研究』東京：大修館書店
日本語記述文法研究会（編）(2009).『現代日本語文法2』東京：くろしお出版
林巨樹・池上秋彦・安藤千鶴子（編）(2004).『日本語文法がわかる辞典』東京：東京堂出版
渡辺正数 (1978).『教師のための口語文法』東京：右文書院

練習問題

A.　次の文に使われている「れる・られる」の意味・機能を答えなさい。
(1)　学生時代のことが昨日のように思い出される。
(2)　すぐに出発されますか。
(3)　その部屋からスカイツリーは見れますか。

（4） 子どものころ、両親に先立たれた。

B.　次の文に使われている助動詞すべてに下線を付け、その意味・機能を答えなさい。
（1） まず考えさせることが重要です。
（2） 仕事の後、飲みに行かない。（上昇イントネーションで）
（3） 彼には頼めぬと思い、黙っていた。
（4） こんなまずいものは、食べさせられない。

File 17 ● 助動詞（2）

■モダリティを表す助動詞

　このファイルでは表1に示す助動詞のうち、モダリティ File 15 を表す二重線で囲った助動詞を扱う。これ以外の助動詞に関しては File 16 で扱い、助動詞の活用はまとめて File 21 で扱う。

　助動詞は付属語で活用のある語である。この定義によると活用のない「う・よう」と「まい」は助動詞ということにならない。しかし、日本語文法では、これらの語は多くの場合、助動詞として扱われてきているので、ここでもそれにしたがうことにする。また、「だ」、「です」、「である」については、学校文法では助動詞として扱われることも多いが、ここでは判定詞（コピュラ）として別扱いにする File 3 。

表1　助動詞一覧

意味・機能	助動詞	他の参照ファイル	
受身、可能、自発、尊敬	れる・られる	File 22	受動態
使役	せる・させる	File 23	使役
打ち消し	ない、ぬ	―	―
過去、完了	た	File 13	時制
推定	らしい、ようだ、みたいだ	File 15	モダリティ
推量、意志	う・よう、まい	File 15	モダリティ
願望	たい、たがる	File 15	モダリティ
伝聞、兆候	そうだ	File 15	モダリティ
丁寧	ます	File 27	授受表現と待遇表現

■「らしい」・「ようだ」・「みたいだ」

　「らしい」、「ようだ」、「みたいだ」は**推定**を表す助動詞である。「らしい」は (1) のように用言の終止形に付くこともあれば、(2) のように体言に付くこともある。

(1)　明日は雨になるらしい。
(2)　どうやら犯人はナオキらしい。(どうやら犯人はナオキであるらしい。)
(3)　君らしくないね。(＊君であるらしくないね。)

体言に付く場合は、(2) のカッコ内に示したように「である」が挿入できるものを助動詞と捉え、(3) のように「である」が挿入できないものは接尾辞 File 1 と考える。
　「ようだ」は用言の連体形に付き、名詞の場合は「の」を伴って接続する。以下の文では、カッコ内に接続する語の品詞を示す。

(4)　大吉は東京に行くようだ。(動詞)
(5)　大吉は元気なようだ。(形容動詞)
(6)　大吉は芸人のようだ。(名詞)

これらはどれも広い意味での推定と捉えられるが、(6) は事実と異なる場合で、**類似**を表すといえる。
　「みたいだ」も、「ようだ」と同様、推定や類似を表す。しかし (7) のように形容動詞では語幹に付き、(8) のように名詞では「の」を介さずに接続するところが「ようだ」と異なる。

(7)　大吉は元気みたいだ。(形容動詞)
(8)　大吉は芸人みたいだ。(名詞)

■「う・よう」・「まい」

　「う・よう」と「まい」は、ともに**推量**または**意志**を表す助動詞である。「う・よう」は用言の未然形に付く。「う」(-ou)は五段活用に付き、「よう」(-you)は、それ以外（上一段活用、下一段活用、サ行変格活用、カ行変格活用）に付く。「う・よう」自体に活用変化はなく、常にこの形で使われる。以下(9)〜(11)は推量の例であるが、現代では使われなくなったものも多い。

(9)　彼は、明日には来よう。（動詞）
(10)　東京はさぞかし楽しかろう。（形容詞）
(11)　とても賑やかだろう。（形容動詞）

(10)のような形容詞の場合は、変化しない部分である語幹と「う」の間に「かろ」が入る。また、形容動詞の場合は(11)のような「だろう」の形になるので、これを別の複合的な助動詞とする捉え方もある。
　以下の(12)と(13)は意志を表す例である。「う・よう」が、(12)では動詞に付き、(13)では助動詞（「せる」）に付いている。意志を表す「う・よう」が形容詞や形容動詞に付くことはない。

(12)　そうだ、明日は神戸に行こう。（動詞）
(13)　娘にはピアノを習わせようかな。（助動詞）

　「まい」は「う・よう」の否定に相当する助動詞で、五段活用では終止形に付き、それ以外では未然形に付く。「う・よう」同様、推量よりも意志の意味を表すことが多いが、そもそも「まい」自体が現代では使われることが少なくなってきている。以下の(14)は推量の例で、(15)は意志の例である。

(14)　まさか、そんなことはあるまい。
(15)　東京には絶対に行くまい。

■「たい」・「たがる」

　「たい」と「たがる」は、ともに動詞または助動詞の連用形に付いて**願望**を表す。主に話者の願望を表す「たい」は、形容詞型の活用変化 File 21 をする。「たがる」は助動詞「たい」の「た」に接尾辞の「がる」が付いた形で、主に話者以外の願望を表し、動詞の五段活用と同じ活用変化をする。「たい」と「たがる」は、以下の例が示すように、目的語に付与する格助詞にも違いがある。(16)の「たい」の場合は目的語に「が」または「を」のいずれかが使われるが、(17)の「たがる」では「を」のみが使われる。

　(16)　（私は）何か美味しいものが／を食べたい。
　(17)　（娘は）何か美味しいものを食べたがっている。

■「そうだ」

　「そうだ」には**伝聞**と**兆候**の意味がある。伝聞の「そうだ」は他人から聞いた情報を伝えることで、(18)～(20)のように用言の終止形に付く。

　(18)　村木は無農薬でりんごを作るそうだ。（動詞）
　(19)　村木のりんごは甘いそうだ。（形容詞）
　(20)　村木の娘は元気だそうだ。（形容動詞）

これに対して、兆候は発話時点で、話者の直接の観察を通して、そこから推量できる事態を表すことをいう。様態や推量という用語が用いられることもある。兆候の場合は、(21)のように動詞または助動詞の連用形に付く。また、(22)と(23)のように、形容詞と形容動詞では語幹に付く。

　(21)　村木の子どもは良く働きそうだ。（動詞）
　(22)　村木のりんごは高そうだ。（形容詞）

(23) 村木の娘は元気そうだ。(形容動詞)

ただし、「良い」と「無い」という形容詞の場合は、「そうだ」の前に「さ」を入れて (24) と (25) のようになる。

(24) 村木のりんごは良さそうだ。
(25) この店に村木のりんごは無さそうだ。

■「ます」

「ます」は動詞や助動詞の連用形に付いて**丁寧**を表す。「ます」や「です」によって丁寧が表現されたスタイルを**丁寧体**（です・ます調）という File 27 。「ます」は (26) のように動詞または助動詞の連用形に付き、過去の場合は、助動詞「た」が続いて「ました」という形になる。

(26) その本を買います／買いました。

動詞と助動詞以外に「ます」は接続しない。しかし、否定文の場合は、以下のように「ありません」や「ありませんでした」という形で形容詞、形容動詞、名詞＋判定詞に使われる File 27 。

(27) 高くありません／高くありませんでした。(形容詞)
(28) 元気じゃありません／元気じゃありませんでした。(形容動詞)
(29) 本じゃありません／本じゃありませんでした。(名詞＋判定詞)

参考文献

北原保雄 (1981).『日本語助動詞の研究』東京：大修館書店
日本語記述文法研究会（編）(2003).『現代日本語文法 4』東京：くろしお出版

林巨樹・池上秋彦・安藤千鶴子（編）(2004).『日本語文法がわかる辞典』東京：東京堂出版

渡辺正数 (1978).『教師のための口語文法』東京：右文書院

✎ 練習問題

A. カッコ内に示すモダリティを表す助動詞を使って、次の文を書き換えなさい。
   (1) 英語の勉強をする。（意志）
   (2) あの店のラーメンはうまい。（推定）
   (3) 茂則はモテた。（伝聞）
   (4) 次はテストに合格する。（願望）

B. 次の文に使われている助動詞すべてに下線を付け、その意味・機能を答えなさい。
   (1) その作業はもうすぐ終わりそうだ。
   (2) 天才みたいだけど、実は変人だそうだ。
   (3) すぐに話したがるので、彼には2度と言うまい。
   (4) 叔父が病気らしいので、すぐに出発します。

File 18 ● 助詞

■助詞とその分類

　日本語を特徴づける文法的要素の1つに助詞の使用があげられる。**助詞**（**particle**）は付属語で活用がなく、主に名詞や動詞などの自立語に付く。助詞の分類は一定ではなく、どのような側面から助詞を捉えるかによって異なる分け方や名称がある。その中でも比較的一般的な分類として、ここでは表1の分け方にしたがって見ていくことにする。このファイルでは格助詞、並列助詞、接続助詞、終助詞を扱う。とりたて助詞（副助詞）については File 19 で詳細に見ていく。

表1　助詞一覧

助詞の分類	助詞	参照ファイル	
格助詞	が、を、に、へ、と、から、より、で、まで、の（連体助詞）	File 8	格（1）
並列助詞	と、か、なり、や、やら、だの、とか、に	—	—
接続助詞	と、ば、なら、たら、が、のに、けれど、ても、から、ので、て、し、たり	—	—
とりたて助詞（副助詞）	は、も、だけ、しか、ばかり、こそ、さえ、まで、でも、など（なんか、なんて）、くらい	File 19	とりたて
終助詞	か、の、な、よ、ぞ、ぜ、さ、わ、ね、な（なあ）、よね	File 15	モダリティ

■格助詞

　格助詞（**case particle**）は、名詞に付いて述語との関係を示す。たとえば、「が」は主格、「を」は対格 File 8 とよばれ、典型的には(1)のように、それぞれ主語と直接目的語という文法関係 File 10 を示す。

(1) 　　生徒が　窓ガラスを　壊した。
　　　　　　主格　　　　対格

　属格の「の」は、名詞と名詞の間に使われて、連体修飾になることから、特別に**連体助詞**とよばれることがある。「AのB」という形で、(2)のようにAが広い意味での所属先を表してBを限定する場合と、(3)のように動作名詞Bに対してAが補語的な役割をもつ場合がある。

(2) 　　リリーの母、校舎の後、僕の日本語の本、医者の父[※27]
(3) 　　怪物の出現、図面の作成、京都での講演
(4) 　　行くのが面倒だ。

また(4)のような「の」は**準体助詞**という名前で助詞に含めることがある。この場合の「の」は、「こと」と言い換えられることが多く、形式名詞 File 3 とも捉えられる。
　「と」には相手を表す(5)、変化を表す(6)、引用を表す(7)がある。(7)の引用の場合は、埋め込み節を導入しており、**引用の助詞**とよばれる。統語範疇では補文標識 File 4 である。この他に、名詞と名詞をつなげて英語のandの意味を表す「と」があるが、これは並列助詞である。

(5) 　　友達と会った。
(6) 　　その後、医者となった。
(7) 　　洋子は真実を話したと思う。

　「まで」は時間や範囲の終わりを表す(8)のような用法が格助詞としての用法である。このような「まで」はカッコに示したように「から」と対にな

※27 　AとBがイコールの関係になる同格の「の」は、「である」と同じ判定詞の連体形 File 21 だという分析もある。

るが、(9)のような程度を表す「まで」は、とりたて助詞（副助詞）とされる File 19。

(8) 駅まで走った。（家から駅まで走った。）
(9) その暴動で、子どもまで巻き込まれた。

■ 並列助詞

名詞と名詞を対等な形で結びつける役割をする助詞を**並列助詞**とよぶ。並列助詞は、接続助詞の一部と捉えたり、格助詞や副助詞に振り分けたりすることもある。結びつける名詞の関係によって、表2に示す4つに分けられる。

表2　並列助詞の分類

分類	助詞	文例
全部列挙	と	弁当とビールが必要だ。
選択列挙	か	弁当かビールが必要だ。
	なり	弁当なりビールなりが必要だ。
一部列挙	や	弁当やビールが必要だ。
	やら	弁当やらビールやらが必要だ。
	だの	弁当だのビールだのが必要だ。
	とか	弁当とかビール（とか）が必要だ。
累加列挙	に	お弁当にビールはいかがですか。

「と」は、すべてのものを並列的に並べる**全部列挙**を表す。英語ではandに相当する。これに対して、英語のorに相当するものが「か」である。「か」は**選択列挙**を表し、列挙された物の中で1つだけが当てはまることを意味する。同じ選択列挙でも「なり」の場合は、「AなりBなり」というように、列挙した名詞すべてに付いて、当てはまる可能性がある要素がほかにも存在することを表す。**一部列挙**とは、いくつかを列挙して、これ以外にも当てはまるものがあることを示唆する。「や」の他に「やら」、「だの」、「とか」

が一部列挙を表すが、「やら」と「だの」の場合、最後の名詞にも繰り返して「AやらBやら」「AだのBだの」のように使う。例を表す「とか」は、繰り返しても繰り返さなくてもよい。最後に、「に」は**累加列挙**とよばれ、当てはまるものを次々にあげていくもので、3つ以上の物に使うことも多い。

■接続助詞

接続助詞（conjunctive particle）は従属節の最後に来て、従属節と主節の関係を表す。表3に示すように、主節と従属節の関係には、条件を表すものとそうでないものがある。条件を表す接続は、その機能から通常3つに分けられる。また、表3には、それぞれの接続助詞が接続する用言の活用形も示してある。

表3　接続助詞の分類

条件提示の有無	機能	助詞	接続する活用形	文例
条件を表す	順接	と ば なら たら	終止形 仮定形 終止形 連用形	学校に行くと、吉野君がいた。 プールに行けば、良子に会える。 大学に行くなら、勉強しなさい。 中国に行ったら、紹興酒が飲みたい。
	逆接	が のに けれど ても	終止形 連体形 終止形 連用形	学校に行ったが、彼に会えなかった。 プールに行きたいのに、体が動かない。 大学に行くけれど、勉強はしない。 中国に行っても、中華料理は食べない。
	原因・理由	から ので	終止形 連体形	元気だから、外にいた。 元気なので、外にいた。
条件を表さない	等位	て が けれど し たり	連用形 終止形 終止形 終止形 連用形	朝起きて、すぐ外に出た。 契約の件だが、後で話すことにした。 変な噂を聞くけれど、大丈夫ですか。 英語も勉強したし、ピアノも習った。 道で転んだり、川で溺れたりした。

表3について、簡潔に説明を加えておく。**順接**とは、ある事態が別の事態につながる表現のことをいう。話者の予測通りに2つの事態が起こることである。これとは逆に、2つの事態が予測通りに起こらないことを**逆接**という。また、1つの事態がもう1つの事態を引き起こす直接的な要因となる場合を、**原因・理由**と捉えておく。このような因果関係が認められず、2つの事態が並列的に述べられるのが**等位**である。

「が」と「けれど」(または、「けど」、「けども」、「けれども」)は、逆接の場合と、特に条件を表すことのない等位の両方の用法がある。

「たら」は、助動詞「た」の仮定形 File 16, 21 だという分析もある。また、「なら」は判定詞「だ」の仮定形 File 21 と捉えられることもあり、こう考えると体言に付く(11)のような用法の説明がつく[※28]。

(11) 家族なら、割引が適用されます。

接続助詞は、2つの節の関係を示すという点では接続詞と似ているが、接続詞は自立語であるのに対して、接続助詞は付属語である File 2 。また、接続助詞はしばしば(12)のように文末に使用されることもある。

(12) 禁煙の喫茶店に行きたいんですけど。
　　　明日、きちんと説明しますので。

このような文の中には、単に主節の省略と考えられるものもあるが、多くの場合、あえてこれ以上表現しないことで、断定を避けたり、聞き手の意向を探ったりする機能がある。これを**言いさし表現**という。

※28 「なら」は、体言の場合はそのまま付くが、形容動詞の場合は語幹に付く。また、「なら」は対比を表すとりたて助詞とする分析もある。

■終助詞

終助詞(sentence-final particle)は、文末の様々な語について、疑問、禁止やその他のモダリティ File 15 を表す。機能的に分類すると表4に示すとおりだが、これ以外のもの(「かい」、「かな」、「かしら」、「え」、「や」、「とも」、「っけ」、「もの(もん)」、「ってば」など)を含めることもある。地域差や性差が大きいことも終助詞の特徴である。

表4　終助詞の分類

機能	助詞	文例
疑問	か の	明日、行きますか。 明日、行くの。
禁止	な	これ以上食べるな。
伝達態度のモダリティ	よ、ぞ、ぜ、さ、わ、ね、な、なあ、よね	この寿司、美味しいよ／ぞ／ぜ／さ／わ／ね／な／なあ／よね。

これらの終助詞は基本的に、活用語の終止形に付く。ただし、疑問の「か」や伝達態度のモダリティを表す「さ」は、形容動詞に限っては語幹 File 21 に付く。また、「よ」は終止形だけでなく命令形にも付く。なお、「か」は疑問節の最後にくるので、文末に使われるとは限らない。

伝達態度のモダリティを表す終助詞に関しては、若干の説明を加えておこう。伝達態度とは、話者が聞き手に対してどのように事態を伝えるかということであり、終助詞の選択によって、事実の伝え方が異なる。その意味で、「よ」と「ね」はもっとも重要な役割を果たすといえるだろう。

「よ」は、聞き手にとって新しい情報を与える場合に使われる。たとえ、新しい情報でなくても、聞き手が知るべき情報として、注意を向けさせるという話者の態度を示す。これに対して「**ね**」は、話者がもっている情報を確認しつつ聞き手に伝え、聞き手からも同意を得ようとする場合に使う。また、「よ」と「ね」が組み合わさった「**よね**」は、独自の機能をもっている。その1つは下記(13)のように、話者が自分の認識を聞き手にも受け入れら

れるものとして伝える機能である。もう1つは聞き手の方が話者よりも確かな情報をもっている場合、それを確認する(14)のようなものである。

(13) この寿司、美味しいよね。
(14) 君の出身は草津だよね。

　主に男性に使われる傾向のある終助詞が「ぞ」、「ぜ」、「さ」である。「ぞ」は話者の新たな認識を確認して示すが、聞き手への伝達は必ずしも意図されていない。「ぜ」は話者が認識した内容や決断などを一方的に伝える。「さ」は、話者にとって当然と考えられる内容を聞き手に説明するときに使う。これらに対して主に女性に使用されるのが「わ」である。「わ」は、話者の個人的な感情や考えを伝えることを表す。
　「な」は話者が新たに認識したことを示すが、必ずしも聞き手を意識したものではない。これに感情の高まりが加わると「なあ」という詠嘆の表現になる。また、「な」には、くだけた表現として「また、食べような」のような確認の用法もある。
　ここに示した終助詞のうち「よ」、「ね」、「さ」、「な」などは、文末だけでなく、文節の区切りに使うことができる。よって、これらを**間投助詞**とよぶこともある。

参考文献

奥津敬一郎・沼田善子・杉本武 (1986).『いわゆる日本語助詞の研究』東京：凡人社
加藤重広 (2006).『日本語文法入門ハンドブック』東京：研究社
鈴木重幸 (1972).『日本語文法・形態論』東京：むぎ書房
益岡隆志・田窪行則 (1992).『基礎日本語文法―改訂版―』東京：くろしお出版

練習問題

A. 次の文の下線部は、格助詞、並列助詞、接続助詞、終助詞のどれにあたるか答えなさい。
（1） その花を贈るのですか。
（2） 走るなら間に合うぜ。
（3） 田中さんが来ないと解決しませんね。
（4） 平川さんか稲垣さんに聞いてください。

B. 次の文のカッコ内に接続助詞か終助詞を入れ、その機能を答えなさい。
（1） 雨が降りそうな（　　　）、傘を持っていった。
（2） 何時の電車に乗る（　　　）。
（3） 食べれ（　　　）、わかるらしい。
（4） ユウイチ君だ（　　　）、最近、元気にしているか（　　　）。

File 19 ● とりたて

■副助詞ととりたて

　伝統的な国語学において**副助詞**（adverbial particle）と分類されるものがある。副助詞は体言や用言などに付き、用言を修飾する。この点で副詞的なので、副助詞とよばれる。副助詞の中には、「は」や「も」など**係助詞**とよばれるものも含まれる。係助詞とは、古典語で係り結びになる助詞のことである。しかし、現代語に係り結びは残っていないので、係助詞という分類自体が使われなくなってきた。

　これに対して、機能的な面から日本語学では、おおよそ副助詞に相当するものに対して、**とりたて助詞**（**とりたて詞**）という分類をすることが多くなった。**とりたて**とは、文中のある要素に焦点をあて、何らかの暗示的な意味を加えることをいう。たとえば (1) と (2) の文は、どちらも「田中が走った」という事を表現しているが、それだけではない。

　　(1)　　田中も走った。
　　(2)　　田中だけ走った。

(1) は、田中だけでなく、他の人が走っていて、それに加えて田中が同様であることを示唆している。また、(2) では、何人かの中で、走ったのは田中1人であることを示している。このような、とりたての機能を担うのは助詞だけではないが[※29]、このファイルではとりたての助詞に限って見ていくことにする。

※29　たとえば、副詞の「ただ」や「特に」なども、とりたての機能を持っている。

■とりたて助詞の意味

とりたて助詞が暗示する意味は、おおよそ表1のようにまとめることができる。「は」は、このファイルの最後の項目で詳しく扱うので、ここでは**対比**（または**対照**）とだけ記しておく。「も」は前述のとおり、他のものに加えるという意味で、これを**累加**とよぶ。**限定**を表すとりたて助詞には、「だけ」の他に「しか」、「ばかり」、「こそ」があるが、「しか」は否定の述語とだけ用いられる。「ばかり」は、唯一のものを指し示す他に、何度も繰り返し行われることや数が多いことを表すこともある。「こそ」は、他を排除して、とりたてたものを強調する。**極限**とは、極端な例を取りあげて、とりたてた物以外にも当然当てはまるという意味を表す。その中でも「さえ」は最低条件を表し、「まで」は限度としての意外性を、「でも」は通常は当てはまらないものに対しての意外性を示す。**評価**とは、とりたてたものに関する話者の評価を表し、「など」（「なんか」、「なんて」）は評価が低く軽視していることを表す。「くらい」は程度や分量を示し、当然という話者の評価を表す。

表1　とりたて助詞一覧

意味	助詞	文例
対比	は	田中は走った。
累加	も	田中も走った。
限定	だけ しか ばかり こそ	田中だけ走った。 田中しか走らなかった。 田中ばかり走った。 田中は走ってばかりいる。 田中こそ走るべきだ。
極限	さえ まで でも	田中さえ走った。 田中まで走った。 田中でも走った。
評価	など（なんか、なんて） くらい（ぐらい）	田中など（なんか／なんて）知らない。 田中くらい（ぐらい）知っている。

これら以外にも「なり」、「きり」、「のみ」、「ほど」、「やら」、「すら」、「だに」、「ごとき」なども、とりたて助詞として扱われる。表1に示したのは主要なとりたて助詞だが、その分類や意味に関する名称にはばらつきがあり一定していないものが多い。

■名詞句のとりたてと格助詞

とりたて助詞が名詞句をとりたてる場合、その名詞句に本来付いている格助詞 File 18 との関係が問題となる。ここでは、とりたて助詞と格助詞との共起、とりたて助詞と格助詞との順番という2点に関して、とりたて助詞を表2と表3に分けた。これらの表では、縦列がとりたて助詞で、横に代表的な格助詞を示した。

表2のとりたて助詞は、格助詞の後に来るもので「が」や「を」と共起できない。たとえば (3) の文で、「田中が」に「は」を付けると (4) のように主格の「が」は消えてしまう。「は」と「が」が共起する (5) のような文は許されない。

(3) 　田中が移籍を決意した。
(4) 　田中は移籍を決意した。
(5) ＊田中がは移籍を決意した。

同じことは対格の「を」にも当てはまる[※30]。ところが「に」、「で」、「へ」、「と」は、「は」と共起して「には」、「では」、「へは」、「とは」という組み合わせが可能である。しかし共起が可能だからと言って、必ずしもこの形でしか使えないわけではない。格助詞によっては、省略できるもの、また、むしろ省略した方が自然な場合もある。

※30　しかし「をも」に関しては、これを可能だとする判断も多々あり、「溺れる者は藁をも掴む」というような成句でも使われている。

これに対して表3のとりたて助詞は、格助詞の前に来る場合と格助詞の後に来る場合があるが、「が」や「を」と(それ以外の格助詞とも)共起する。表に示した「前」「後」はとりたて助詞の位置を示す。カッコに入れた「をだけ」や「をこそ」などは、通常、話し言葉では使われないが、不可能というわけではない。また、実線で示した箇所は該当がない(そこに示した特定の順番では共起できない)ことを示す。

表2　格助詞の後にくるとりたて助詞（「が」、「を」と共起しない）

	が	を	に	で	へ	と
は	φは	φは	には	では	へは	とは
も	φも	φも	にも	でも	へも	とも
しか	φしか	φしか	にしか	でしか	へしか	としか
さえ	φさえ	φさえ	にさえ	でさえ	へさえ	とさえ
でも	φでも	φでも	にでも	ででも	へでも	とでも
くらい	φくらい	φくらい	にくらい	でくらい	へくらい	とくらい
なんて	φなんて	φなんて	になんて	でなんて	へなんて	となんて

*ここでは格助詞が義務的に消去されると考えて、その位置をφで示す。

表3　格助詞の前または後にくるとりたて助詞（「が」、「を」と共起する）

		が	を	に	で	へ	と
だけ	前	だけが	だけを	だけに	だけで	だけへ	だけと
	後	——	(をだけ)	にだけ	でだけ	へだけ	とだけ
ばかり	前	ばかりが	ばかりを	ばかりに	ばかりで	ばかりへ	ばかりと
	後	——	(をばかり)	にばかり	でばかり	へばかり	とばかり
こそ	前	こそが	こそを				
	後	——	(をこそ)	にこそ	でこそ	へこそ	とこそ
まで	前	までが	までを	までに	——	までへ	までと
	後	——	——	にまで	でまで	へまで	とまで
など	前	などが	などを	などに	などで	などへ	などと
	後	——	——	になど	でなど	へなど	となど

■とりたてる要素

とりたて助詞は、名詞句だけでなく副詞相当句、述語、節もとりたてることができる。そのような要素を以下の例文では下線で示した。

(6) 部長の意図は概ね(おおむ)は理解できた。（副詞）
(7) 彼はいつも黙々としか話さない。（副詞）
(8) そのネックレスは相当高くは見える。（形容詞）
(9) 育ちが良いので、上品にしか食べられない。（形容動詞）

(6)と(7)では副詞、(8)では形容詞、(9)では形容動詞がとりたてられている。これらを含む句は、すべて副詞的に使われている例である。

とりたて助詞が述語をとりたてる例を以下に示す。この場合、とりたて助詞が直接的に接続するのは、(10)では動詞、(11)では形容詞、(12)では形容動詞である。

(10) 話を聞くだけでなく、お金を貸しさえした。（動詞）
(11) そのチームの絆は美しくもある。（形容詞）
(12) 彼の両親は元気ではある。（形容動詞）

同様に、とりたて助詞が節に付く例を以下に示す。とりたて助詞が直接的に接続するのは、(13)では形式名詞「こと」、(14)では疑問の助詞（終助詞）「か」、(15)では引用の助詞（格助詞）「と」である。

(13) あの頃は、東京に行くことだけ考えていた。（形式名詞）
(14) 勉強するかさえわからない。（疑問の助詞）
(15) 別れてほしいとまで言わなかった。（引用の助詞）

■「は」と「が」

「は」はとりたて助詞の代表的なものである。その意味や機能に関して、しばしば「が」と比較されるので、ここでもそれにしたがって見ていこう。まず、「は」と「が」は文法的に全く性質が異なるものだということを明確にしておきたい。「が」は格助詞であり文法関係を示す File 8, 10 。一方、「は」はとりたて助詞であり、主語を示すわけではない。これは、(16) や (17) で「は」を「が」に置き換えることができないことからわかるだろう。

(16)　そのアップルパイは食べましたよ。
(17)　今日はチーズケーキを食べよう。

また、(18) では格助詞「に」と共起している。このことは、「は」は格を示すのではなく、別の機能を果たすことを表している。

(18)　結子には、ビールを贈ろう。

「は」には2つの意味機能がある。1つは**トピック**（topic）の提示である[※31]。トピックとはその文で述べる話題のことで、通常は、話者と聞き手の間で既知の物事、すなわち旧情報がトピックとなる。(19) では「背の高い男」に「その」が付いているので、これが文脈によってすでに導入されたものだとわかる。また (20) の「クジラ」は、特定のクジラではなく、「クジラというものは」という総称なので、聞き手にとっても新しい情報というわけではない。これらのようにトピックをもつ文を**有題文**とよぶ。

(19)　その背の高い男はおにぎりを食べた。

※ 31　トピックは日本語で「題目」、「主題」、「話題」などと訳される。「主題」という用語を使うときは、意味役割の「主題」（theme） File 7 と区別する必要がある。

（20）　クジラは哺乳類だ。

これに対して、聞き手にとって未知のこと、すなわち新情報は、通常、トピックにはならない。よって、昔話の導入のような(21)で「は」を使うと不自然になってしまう。この場合は、(22)のように「が」を使う。

　（21）　？むかしむかし、ある村に背の高い男は住んでいました。
　（22）　　むかしむかし、ある村に背の高い男が住んでいました。

「は」のもう1つの意味機能は**対比**（contrast）、または**対照**である。(23)の文では、「背の高い男」と「背の低い男」を対比している。ただし、対比するものをすべて表現する必要はない。たとえば、(24)の文では「おにぎり」をとりたてて、文に現れないそれ以外の物と対比している。また、(25)の文では「食べる」という動詞をとりたてて、「食べない」ことと対比している。

　（23）　背の高い男はおにぎりを食べ、背の低い男は肉を食べた。
　（24）　おにぎりは食べた。
　（25）　おにぎりを食べはした。

　数量詞をとりたてる場合は、**限度**の意味が出てくる。(26)の肯定文では、10個を最低限度としてそれ以上を示し、(27)の否定文では、10個を最大（最高）限度としてそれ未満を表す。

　（26）　10個は食べられる。
　（27）　10個は食べられない。

　これまで見てきたような「は」のとりたて機能は、「が」にはない。しかし、「が」は文法関係を示すだけではなく、中立叙述と総記という機能を

もっている。**中立叙述**（**neutral description**）とは、上記（22）や以下（28）と（29）のように、話者が認識したことをそのまま述べるもので、述部が動作、存在、一時的な状態を表すことが多い。

（28）　一郎が練習を始めた。
（29）　雨が降りそうだ。

しかし文脈によっては、「が」の付いた名詞が特別な意味をもちうる可能性もある。それは、「他ならぬXが」という意味で、該当するもののすべてを示す**総記**（**exhaustive listing**）という用法である。以下のような文が、その典型的なものである。

（30）　これが私の欲しかったカバンだ。
（31）　日本人がシャイなんですよ。

どちらも、「が」の付いた名詞が唯一、表現されている事態に当てはまることを示唆している。
　また、ときには「は」も「が」も付かない方が自然な場合もある。たとえば、文脈無しで（32）のように「は」を使うと、対比の意味が出てくる。また、（33）のように「が」を使うと、今度は総記という解釈が出てしまう。

（32）　田中さんは来ませんね。
（33）　田中さんが来ませんね。
（34）　田中さん、来ませんね。

そこで（34）のように「は」も「が」も使わず**無助詞**にすると、どちらの解釈にもならないので特別なニュアンスを出さずに済む[32]。

※32　格助詞脱落については File 10 を参照。

📖 参考文献

加藤重広（2006）.『日本語文法入門ハンドブック』東京：研究社

久野暲（1973）.『日本文法研究』東京：大修館書店

澤田美恵子（2007）.『現代日本語における「とりたて助詞」の研究』東京：くろしお出版

野田尚史（1996）.『新日本語文法選書1「は」と「が」』東京：くろしお出版

益岡隆志・野田尚史・沼田善子（編）(1995).『日本語の主題と取り立て』東京：くろしお出版

Kuroda, Sige-Yuki. (1965). *Generative grammatical studies in the Japanese language*. Ph.D. dissertation, MIT.

✏️ 練習問題

A. 以下の文に使われているとりたて助詞に下線を引いて、その意味を表1の用語を使って特定しなさい。

 (1) バッグしか買わなかった。

 (2) 紀子も批判さえしなかった。

 (3) 君こそ、チェロでも弾けるはずだ。

 (4) 時計がそこまで安いなんて、うちの店なんかかなわない。

B. 次の文のカッコ内に「が」を使う場合、中立叙述と総記のどちらの意味になるか、また「は」を使う場合、トピックと対比のどちらの意味になるか答えなさい。

 (1) 月（　）青い。

 (2) スーツケースは軽いけど、この荷物（　）重いですね。

File 20 ● 活用 (1)

■活用

　動詞、形容詞、形容動詞、判定詞、助動詞の5つは、その後に続く語によって語の形が変化する。これを**活用 (conjugation)** といい、これらの語を活用語とよぶ File 2 。

　多くのヨーロッパ言語には、2種類の活用が見られる。1つは、名詞、代名詞、形容詞の活用で、これらの語が性、数、格によって変化する。もう1つは、動詞の活用で、主語や目的語などの人称や数などによって変化するものである[※33]。日本語は後者に当てはまるが、人称や数による変化ではなく、続く語に合わせて語形が変化するという特徴をもつ。このファイルでは、動詞に焦点をあてて、活用の種類と活用に見られる規則を扱う。

　最初に、動詞の活用に関して、いくつかの用語を整理しておこう。学校文法では、動詞を活用の種類によって5つに分ける。**五段活用、上一段活用、下一段活用、カ行変格活用（カ変）、サ行変格活用（サ変）**の動詞である。これらは、活用のパターンとしては表1に示す3タイプにまとめることができる。これを明確に示したのが、日本語教育などで導入される教育文法である。この場合、動詞の名称として子音動詞、母音動詞、不規則動詞という用語が使用されることが多い。

※33　前者には declension、後者には conjugation という用語が使われる。conjugation には英語の3単現の -s のような一致 (agreement) も含まれる。

表1　動詞の活用パターン

	タイプ1	タイプ2	タイプ3
学校文法	五段活用	上一段活用 下一段活用	カ行変格活用 サ行変格活用
教育文法	子音動詞	母音動詞	不規則動詞

子音動詞（consonant verb）とは、(1) に示すような動詞で、変化しない部分である**語幹**（stem）が子音で終わる動詞のことである。これに対して、(2) に示した動詞は語幹が母音で終わるので、**母音動詞**（vowel verb）とよばれる。また、活用のパターンが不規則なカ変とサ変 (3) は、ともに**不規則動詞**（irregular verb）として扱われる。

(1)　子音動詞：書く (kak-u)、呼ぶ (yob-u)、聞く (kik-u)
(2)　母音動詞：見る (mi-ru)、食べる (tabe-ru)、やめる (yame-ru)
(3)　不規則動詞：来る (ku-ru)、する (su-ru)

上記の例では、カッコ内にローマ字を示した。こうすることで、日本語の仮名表記では見えていなかった子音動詞と母音動詞の語幹を示すことができる。また、ハイフンは語幹と**活用語尾**の区切りを示している。活用語尾に注目すると、子音動詞の終止形は -u で終わり、母音動詞の終止形は -ru で終わるという規則性も見ることができる。これに着目して、子音動詞を **u-verb**、母音動詞を **ru-verb** とよぶこともある。

■活用表と活用のパターン

　動詞の活用に関する規則を示すために、学校文法では、表2に示すような**活用表**を用いてきた。また、日本語学においても、活用に関する規則を体系的に示すため、パターン化を試みてきた。その際に問題になるのは、すべての動詞をできるだけ合理的に、同じ規則で扱うために、動詞のどの部分を語幹と捉え、どの部分を活用語尾とするのかということである。これについ

ては、正しい分析というものが存在するわけではない。このことを念頭にお
きながら、表2と表3を糸口として、動詞の活用パターンを見ていこう。

表2　学校文法における動詞の活用表

種類	行	語例	未然	連用	終止	連体	仮定	命令
五段活用 (子音動詞)	カ	書-く	書-か 書-こ	書-き 書-い	書-く	書-く	書-け	書-け
上一段活用 (母音動詞)	カ	起-きる	起-き	起-き	起-きる	起-きる	起-きれ	起-きろ
	マ	見る	見	見	見る	見る	見れ	見ろ
下一段活用 (母音動詞)	バ	食-べる	食-べ	食-べ	食-べる	食-べる	食-べれ	食-べろ
	ナ	寝る	寝	寝	寝る	寝る	寝れ	寝ろ

表3　活用表をローマ字で示したもの（表2と同じ語例を使用）

種類	行	語例	未然	連用	終止	連体	仮定	命令
五段活用 (子音動詞)	カ	kak-u	kak-a kak-o	kak-i kai	kak-u	kak-u	kak-e	kak-e
上一段活用 (母音動詞)	カ	oki-ru	oki	oki	oki-ru	oki-ru	oki-re	oki-ro
	マ	mi-ru	mi	mi	mi-ru	mi-ru	mi-re	mi-ro
下一段活用 (母音動詞)	バ	tabe-ru	tabe	tabe	tabe-ru	tabe-ru	tabe-re	tabe-ro
	ナ	ne-ru	ne	ne	ne-ru	ne-ru	ne-re	ne-ro

　表2は、学校文法における伝統的な活用表の例である（ここでは、便宜的にカ行変格活用とサ行変格活用を除いてある）。このような活用表では、それぞれの活用形に、活用語尾のみを示すことが多いが、ここでは語全体を提示して、ハイフンによって、どの部分が活用語尾なのかわかるようにした。上一段活用と下一段活用には、語幹と活用語尾の区別がつく「起きる」や「食べる」のような動詞と、語幹と活用語尾の区別がつかない「見る」や「寝る」のような動詞がある。

　表3は、ローマ字表記によって、語幹と活用語尾を区別したものである。上一段活用と下一段活用の場合、表2の分け方と異なることがわかるだろう。

　これらの表には、6通りの活用形が示されている。それぞれの活用形は、以下の(4)に示すような語に続く形として捉えられる。

(4) それぞれの活用形が続く語
未然形：ない、よう、う
連用形：ます、た、て
終止形：言い切る形
連体形：体言
仮定形：ば
命令形：命令で言い切る形

たとえば、未然形は、否定の「ない」に続けると「書く」が「書か」に変化する。また、「う」に続ける場合には、「書こ」となる。同じように、連用形の場合は、「ます」に続けて「書き」、終止形と連体形では「書く」、仮定形では「ば」に続けて「書け」、命令形も「書け」となり、カ行の五段で活用することから、五段活用とよばれる[34]。これと同じように「起きる」、「見る」と「食べる」、「寝る」を活用させてみると、すべての活用形に、それぞれイ段の音とエ段の音が入ることから、それぞれを上一段活用、下一段活用とよぶ[35]。2つの活用表を比べながら、ここに見られる規則や問題のいくつかを箇条書きにして、以下に示していく。

・五段活用の「書く」は、活用語尾が「か、さ、く、け、こ」となり、カ行で五段に活用することがわかる。これをローマ字表記で見てみると kak までが語幹なので、活用語尾は母音の a, i, u, e, o ということになる。これはカ行以外の五段活用の動詞にも当てはまる。
・終止形の活用語尾を表3のローマ字表記で見ると、子音動詞は -u, 母音動詞では -ru の2種類となり、上一段活用と下一段活用の区別がなくなる。
・表2でも表3でも、上一段活用の動詞「見る」と下一段活用の「寝る」

※34　連用形の「書い」に関しては、音韻的な変化が起きている。これを音便とよぶが、詳細はこのファイルの最後で扱う。
※35　五十音図で母音の中央を「う」とした場合、それよりも1つ上の「い」を上一段、1つ下の「え」を下一段というためこの名称が用いられる。

には、未然形と連用形に活用語尾がない。（または、語幹と活用語尾の区別がつかない。）これは、「見る」の他にも、「射る」、「煮る」、「着る」、「似る」などの上一段活用の動詞、また、「寝る」の他にも「得る」、「経る」、「出る」などの下一段活用の動詞に当てはまる。
・上記の「見る」や「寝る」のような語幹と活用語尾の区別がつかない動詞は、表2の仮名書きでは、語全体に対して活用変化を示す表記となる。

　最後に、上の表には組み入れなかった不規則動詞について触れておこう。カ行変格活用の動詞は「来る」、サ行変格活用の動詞は「する」と、それぞれ1語のみである。これらを仮名表記の活用表で示すと表4のようになる。

表4　不規則動詞の活用

種類	語例	未然	連用	終止	連体	仮定	命令
カ行変格活用	来る	こ	き	くる	くる	くれ	こい
サ行変格活用	する	さ、し、せ	し	する	する	すれ	しろ

これらは、ともに語幹と活用語尾の区別がなく、「来る」は三段に活用し、「する」は四段に活用する。「する」の未然形には「<u>さ</u>せる」「<u>し</u>ない」「<u>せ</u>ぬ」の3つがあるが、「さ」を認めない立場もある。

■活用形

　伝統的な活用表に示される**活用形**の種類は、歴史的な経緯も踏まえて6種類とされている。しかし、この必然性はない。たとえば、終止形と連体形を見てみると、これらはどの動詞でも同じ形になることがわかるだろう。よって、この2つを形の上で区別する必要はないのである。また、五段活用の未然形と連用形には、複数の活用が存在する。形によって活用形を分けるのであれば、これらは本来、別の活用形とすべきである。
　では、形ではなく意味や機能によって特徴づけられるのかというと、そう

いうわけでもない。たとえば、未然形の未然とは、未だ成らずという意味からきた名称である。未然形に続く否定の「ない」や意志を表す「う・よう」は、そう捉えることもできるが、受身の「れる・られる」や使役の「せる・させる」に「未然」本来の意味はない。

このような理由から、伝統的な学校文法以外では、活用形の種類を6つに限定しない。たとえば日本語教育で使用されるテキストでは、表5に示すように、活用の意味や機能、また、活用の形に基づいた活用形が用いられることが多い[※36]。

表5　活用形の名称（カッコ内は英語による名称）

意味や機能をもとにした名称	形をもとにした名称	続く語	学校文法での名称
辞書形 (dictionary form) 非過去形 (non-past form, imperfective)	ル形 (ru-form)	言い切りの形	終止形 (conclusive) 連体形 (attributive)
丁寧形 (polite form)	マス形 (masu-form)	ます	連用形 (adverbial)
── (gerund)	テ形 (te-form)	て	連用形 (adverbial)
過去形 (past form, perfective)	タ形 (ta-form)	た	連用形 (adverbial)
否定形 (negative form)	ナイ形 (nai-form)	ない	未然形 (irrealis)
条件形 (provisional form)	バ形 (ba-form)	ば	仮定形 (hypothetical)
条件形 (conditional form)	タラ形 (tara-form)	たら	連用形 (adverbial)
意志形・意向形 (volition form)	ヨウ形 (yoo form)	よう、う	未然形 (irrealis)

この中でも、辞書形と非過去形（またはル形）は区別されずに扱われることが多い。同じように、テ形とタ形（過去形）も同等に扱われるが、当然のことながら意味機能は異なる。また、連用形には「朝起き、顔を洗い…」のように文を途中で意味的に中止し、後に続ける用法があり、この時の形を中止形とよぶことがある。

※36　表中に示した学校文法における活用の英語名称はShibatani (1990, p. 224) による。

日本語教育では、辞書形、マス形、テ形、タ形、ナイ形が、初期段階で導入されることが多い。これらの活用形は、その使用頻度からも基本的なものだと考えられる。

■音便

　五段活用の動詞（子音動詞）の連用形には、**音便**とよばれる現象が起こる。これは (5) に示すように、「書く」の連用形に「書き」だけではなく「書い」が現れるという例に見られる。

　(5)　書き：「ます」に続く形の連用形（通常の形）
　　　書い：「て」や「た」に続く形の連用形（音便が起こる形）

しかし、この動詞はカ行の五段活用なので、本来「書い」という活用はないはずである。これは、活用の例外ではなく、主に音韻的な要因によって生じるものだと考えられる。すなわち、特定の音の連なりが原因で、音に規則的な変化が起こるのである。その詳細は、言語学（音韻論）のテキストにまかせて、ここでは記述的に音便の特徴についてまとめておく[※37]。

　まず、前述のとおり、音便は五段動詞の連用形に限られる。しかしその中でも、「写す」のようなサ行の動詞には起こらない。つまり、サ行以外の五段動詞の連用形に起こるということになる。

　音便には表6に示す3つの種類がある。音の変化の結果、イの音になるものが**イ音便**、「ん」という撥音(はつおん)になるものが**撥音便**、「っ」という促音になるものが**促音便**である。ここで注意したいのは、音便は動詞の活用のみに起こるのではなく、動詞に続く接続助詞の「て」 File 18 と助動詞の「た」 File 16 にも起こるということである。表の一番下の行を見ると、いくつかの動詞に関しては、「て」が「で」に、また、「た」が「だ」に変化すること

※37　たとえば、入門書として Tsujimura (2014) を参照。

がわかるだろう。以下 (6) に、どのような音便が、どのような動詞に起こるのかということをまとめておく。

表 6　音便

	イ音便		撥音便			促音便		
通常の連用形	書き	漕ぎ	死に	読み	飛び	立ち	取り	買い
「て」に続く形	書い	漕い	死ん	読ん	飛ん	立っ	取っ	買っ
「て」と「た」	て/た	で/だ	で/だ	で/だ	で/だ	て/た	て/た	て/た

(6)　イ音便：カ行、ガ行の連用形
　　　撥音便：ナ行、マ行、バ行の連用形
　　　促音便：タ行、ラ行、ワ行、ア行の連用形
　　　「で」と「だ」への変化：ガ行、ナ行、マ行、バ行の動詞

　最後に、音便の例外に関して2点触れておく。1つ目は、「行く」という動詞についてである。「行く」は、カ行なのでイ音便「行い (て)」が起こるはずだが、イ音便ではなく促音便が適用され「行っ (て)」となる。2つ目は、過去を表す助動詞の「た」が「だ」に変わる場合を見たが、これは「たい」や「たがる」には当てはまらない。たとえば、「漕ぐ」が過去形の「た」に続くと「漕いだ」となるが、「たい」に続いても、「漕ぎだい」とはならず「漕ぎたい」のままである。

参考文献

寺村秀夫 (1978).『日本語の文法（上）』東京：国立国語研究所

仁田義雄・村木新次郎・柴谷方良・矢澤真人 (2000).『日本語の文法1 文の骨格』東京：岩波書店

三原健一・仁田義雄（編）(2012).『活用論の前線』東京：くろしお出版

渡辺正数 (1978).『教師のための口語文法』東京：右文書院

Jorden, Eleanor, with Noda, Mari. (1987). *Japanese: The spoken language part 1.* New Haven, CT: Yale University Press.

Shibatani, Masayoshi. (1990). *The languages of Japan.* New York, NY: Cambridge University Press.

Tsujimura, Natsuko. (2014). *An introduction to Japanese linguistics, 3rd edition.* Hoboken, NJ: Wiley-Blackwell.

練習問題

A. 以下の動詞の活用パターンを、表1に示す2通りの方法で答えなさい。

買う、勉強する、耐える、喜ぶ、切る、起きる

B. 次の動詞の活用形の名称を、表5に示した「学校文法での名称」と「形をもとにした名称」の2通りで答えなさい。

違います、怒らない、決めよう、来て、悟る、着れば、転んだら、飛んだ

File 21 ● 活用（2）

■形容詞と形容動詞の活用

　形容詞と形容動詞は活用語である。学校文法では、これらにも動詞と同様の活用表を当てはめている。この場合、動詞と大きく異なる点が3つある。1つ目は、形容詞や形容動詞には命令形がないということである。2つ目として、動詞には五段活用や上一段活用などの活用の種類が複数あったが、形容詞と形容動詞には、ともに1種類の活用しかないということがあげられる。最後に、形容詞や形容動詞では、これらを活用させる際に、その後に続く語が動詞とは異なる。形容詞と形容動詞の活用形は、以下の(1)に示すような語に続く形として捉えられる。また、これに基づいた活用表が表1である。

(1)　　未然形：う（推量）
　　　　連用形：ない、なる、た、て（形容詞の場合のみ）
　　　　終止形：言い切る形
　　　　連体形：体言
　　　　仮定形：ば

表1　学校文法における形容詞と形容動詞の活用表

種類	語例	未然	連用	終止	連体	仮定
形容詞	美しい	美し-かろ	美し-かっ 美し-く	美し-い	美し-い	美し-けれ
形容動詞	きれいだ	きれい-だろ	きれい-だっ きれい-で きれい-に	きれい-だ	きれい-な	きれい-なら

　未然形は、推量の助動詞「う」に続く形だが、形容詞の「美しかろう」などは使用頻度が少ない。通常「美しいだろう」が使われるためである。否定

の「ない」に続く形は、動詞では未然形であったが、形容詞と形容動詞の場合は連用形である。終止形と連体形は、動詞の場合と同様に1つの形しかない。また、仮定形も動詞と同じように「ば」に続く形である。

音便に関しては、形容詞において、連用形の活用語尾「く」が「う」に変化する**ウ音便**が起こる。これは、(2) のように「ございます」や「存じます」が続く場合である。

(2)　危なく：危のうございます
　　　お暑く：お暑うございます

形容詞と形容動詞の活用は、意味や機能から見ると、それぞれ表2と表3のようにまとめることができる。これらに関して、いくつか留意点をあげておこう。まず、形容詞の場合、辞書形（＝イ形）が言い切りの形であるが、これを丁寧な表現にするためには、助動詞の「です」を付け「美しいです」のようにする。この場合の「美しい」は、歴史的には「美しいのです」というように、形式名詞の「の」が続くことから、学校文法では連体形と捉えられる。直後に被修飾語の体言がくる場合も、もちろん連体形である。**中止形**は「彼女は美しく、そのうえ優しい」のように、文をいったん止める形で、**副詞形**とは「美しくなった」のように副詞的に使われる形を指す。

表2　意味や機能から捉えた形容詞の活用形

活用形の名称	語例	続く語	学校文法での名称
辞書形(イ形)	美しい	言い切りの形 体言 です	終止形 連体形
否定形(テ形)	美しく	ない て	連用形
中止形	美しく	止める形	連用形
副詞形	美しく	用言	連用形
過去形	美しかっ	た	連用形
仮定形	美しけれ	ば	仮定形

形容動詞に関しては、辞書形の「きれいだ」に対して、「きれいです」のような形を丁寧形とよぶ。形容動詞の「－だ」や「－です」は、基本的には判定詞と同じ活用をする。

表3　意味や機能から捉えた形容動詞の活用形

活用形の名称	語例	続く語	学校文法での名称
辞書形	きれいだ	言い切りの形	終止形
丁寧形	きれいです	言い切りの形	終止形
連体形（ナ形）	きれいな	体言	連体形
否定形	きれいで きれいじゃ	ない	連用形
過去形	きれいだっ	た	連用形
中止形	きれいで	止める形	連用形
副詞形	きれいに	用言	連用形
仮定形	きれいなら	ば	仮定形

■判定詞の活用

　判定詞（コピュラ）の「だ」 File 3 の活用は表4に示すように、形容動詞の活用と似ている。「です」や「である」も表4に含めておくが、これらは、表5のように意味や機能から捉えた方がわかりやすいだろう。

表4　学校文法における判定詞の活用

種類	未然	連用	終止	連体	仮定
だ	だろ	だっ で じゃ	だ	な（条件つき）、の	なら
です	でしょ	でし	です	—	—
である	であろ	であっ	である	である	であれ

　表4で「条件つき」とカッコ付けした「だ」の連体形について説明を加

えておこう。判定詞「だ」と形容動詞は基本的に同じ活用をする。しかし、判定詞の連体形「な」は、その使用が限られている。すなわち、「ので」、「のに」、「のだ」に続く場合は、表5の「警官なので」のように「な」という連体形が許される。しかし、名詞が続く場合は「の」という形をとって、「警官の佐藤」のように同格を表したり、「頃」に続いて、「警官の頃」となったりする[※38]。

表5　意味や機能から捉えた判定詞の活用形

	だ	です	である
推量	警官だろ（う）	警官でしょ（う）	警官であろ（う）
過去	警官だっ（た）	警官でし（た）	警官であっ（た）
否定	警官で（ない） 警官じゃ（ない）	—	—
連体修飾	＊警官な（佐藤） 警官の（佐藤） 警官な（ので）	—	警官である（佐藤）
条件	警官なら（ば）	—	警官であれ（ば）

※判定詞に続く別の語はカッコに記した。

■助動詞の活用

　助動詞を活用という点から見ると、表6に示す分類となる。動詞型、形容詞型、形容動詞型の他に、これらのどれにも当てはまらない特殊型と活用のない助動詞の5パターンである。動詞型活用は、「たがる」の五段活用以外は、すべて下一段活用である。

※38　これらの場合、「の」を「である」に置き換えることができる。これに対して、格助詞の「の」 File 18 は、「警官の拳銃」のような所有関係を表すものが多く、「である」に置き換えることはできない。

表6　助動詞の活用パターン

活用型	該当する助動詞
動詞型活用	れる・られる、せる・させる、たがる
形容詞型活用	たい、ない、らしい
形容動詞型活用	ようだ、そうだ、だ、みたいだ
特殊型活用	ぬ（打ち消し）、ます、た、ようです、そうです、みたいです
活用のないもの	う・よう、まい

　ここでは特殊型活用のみ、表7に活用形を示すことにする（ただし、「ようです」、「そうです」、「みたいです」は、前述の判定詞「です」と活用が同じなので表に含めていない）。「ぬ」の終止形と連体形で「ん」となるのは、助動詞「ます」の未然形に続く「ません」の形である。また、過去を表す「た」は音便のため「だ」となることがある **File 20**。

表7　特殊型活用の助動詞

	未然	連用	終止	連体	仮定	命令
ぬ	―	ず	ぬ（ん）	ぬ（ん）	ね	―
ます	ませ ましょ	まし	ます	ます	ますれ	ませ まし
た	たろ	―	た	た	たら	―

参考文献

庵功雄（2012）.『新しい日本語学入門－ことばのしくみを考える 第2版－』東京：スリーエーネットワーク

北原保雄（1981）.『日本語助動詞の研究』東京：大修館書店

林巨樹・池上秋彦・安藤千鶴子（編）（2004）.『日本語文法がわかる辞典』東京：東京堂出版

渡辺正数（1978）.『教師のための口語文法』東京：右文書院

練習問題

A. 以下の形容詞と形容動詞の活用形の名称を、表 2 と 3 に示す学校文法での名称と意味や機能から捉えた名称の 2 通りで答えなさい。

　　元気なら、やばい、好きに、低かった、清楚な

B. 次の文の下線部の品詞を特定して、その活用を学校文法による名称で答えなさい。
  （1）知り<u>ません</u>よ。
  （2）<u>青い</u>車を見ていた人<u>です</u>。
  （3）裏山は<u>美しく</u>、<u>のどかだっ</u>た。
  （4）雪に降ら<u>れれ</u>ば、休みになる<u>でしょう</u>。

File 22 ● 受動態

■態

　出来事を表す際、文に現れる形式（form）と意味（meaning）の対応関係に関する問題を**態**（voice）とよび、特に意味役割 File 7 と格 File 8 の対応関係のことを指す。同じ出来事を表現するにしても、物の見方を変えると表現方法が変わる。たとえば、（1）の文は出来事をそのまま中立的な立場で記述した表現である。しかし、これを「春子」側の立場で表すと、（2）のような受動態による表現が考えられる。

（1）　その記者が春子をいじめた。（能動態）
（2）　春子がその記者にいじめられた。（受動態）

このとき、動詞には助動詞「られる」 File 16 が付き、（1）と（2）の文に現れる参与者（「その記者」と「春子」）の意味役割と格の対応に変化が起こる。これが**能動態**（active）と**受動態**（passive）の対応である。
　もっとも基本的な態を能動態として、日本語では受動態の他に、使役態、可能態、自発態、願望態、難易態などが認められる。表1はそれぞれの態に関して、動詞に付加される助動詞 File 16, 17 とそれを使用した文例を示したものである。
　このように、日本語では様々な態が考えられるが、狭義で態という用語は、もっぱら受動態と使役態を指すときに使われる。このファイルでは受動態に関して詳細に見ていく。

表1　態と助動詞

態	助動詞	文例
受動態	れる、られる	春子がその記者にいじめられた。
使役態	せる、させる	ミキを怒らせた。
可能態	える、られる	ギターが弾ける。
自発態	れる、られる	友人の顔が思い出される。
願望態	たい	美味い日本酒が飲みたい。
難易態	にくい	この食材が扱いにくい。

■受動態

受動態の文は、動詞に助動詞の「れる」または「られる」が付く。五段活用とサ行変格活用の動詞には「れる」が、上一・下一段活用とカ行変格活用の動詞には「られる」が用いられる File 16 。以下(3)に受動態の文を能動態の文と対応させて示す。

(3)　その記者が　春子を　たたいた。（能動態）

　　　春子が　その記者に　たたかれた。（受動態）
　　　主題　　動作主

能動態における直接目的語「春子」が、受動態では主語になる。また能動態で主語だった名詞「その記者」は、受動態では「に」が付く。この「に」は与格の格助詞ではなく後置詞 File 9 であり、「その記者に」は付加部 File 5 であることに注意したい。

また、能動態で与格の「に」が使用された文 File 9 でも、(4)のように受動態との対応がある。

(4)　　その記者が　春子に　そむいた。（能動態）

　　　　春子が　その記者に　そむかれた。（受動態）
　　　　主題　　動作主

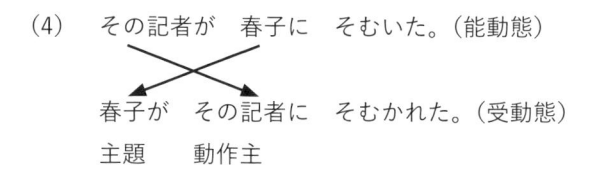

これまでの例で見てきたような能動態の文と受動態の文は、同じ出来事を表し、論理的な意味に差はない。受動態が使われる理由は、話者の視点が被動作主の視点 File 27 をとるためである。受動態の文では被動作主の顕著性が高くなり、これとは逆に、動作主の顕著性が低くなる。よって、動作主は省略されることも多い。

■直接受身と間接受身

　これまでは、能動態と対応がある受動態の文を取りあげてきた。これを**直接受身**（direct passive）とよぶ。これに対して、日本語には対応すべき能動態の文が存在しない受動態が存在する。これを**間接受身**（indirect passive）とよぶ。以下の (5) と (6) のような文が典型的な間接受身文の例で、これらの文に対応する能動態の文を作ろうとすると、カッコ内に示したような非文法的な文ができてしまう。

(5)　　亜紀が雨に降られた。（*雨が亜紀を降った。）
(6)　　浩市が父に死なれた。（*父が浩市を死んだ。）

上記に示した間接受身の文は自動詞 File 11 を使った例である。英語とは異なり、日本語では自動詞を使用した受動態が可能だということがわかるだろう。このように自動詞を使用した受身文はすべて間接受身である。しかし、これは間接受身が自動詞に限られているということではない。(7) に他動詞を使用した間接受身の例を示す。

(7)　アツコが高橋に踊りをほめられた。
　　　（*高橋がアツコを踊りをほめた。）

(7) の文に対応する能動態の候補をカッコ内に示した。しかし、「ほめる」という動詞は他動詞なので、この文は2つの直接目的語をもつ非文法的な文となってしまう File 9 。よって、他動詞を使った (7) の文もこれに対応する能動態が存在しない間接受身ということになる。

■**間接受身の特徴**

　間接受身には3つの特徴がある。第1に、**被害の受身**または**迷惑の受身**（**adversity passive / adversative passive**）ともよばれるように、間接受身は主語に対しての否定的な影響を表すことが多い。(5) や (6) の文では、主語が出来事の中で間接的に被害を被るということが表現されている。しかし (7) の例のように、明らかに肯定的な意味をもつ場合もあるので、間接受身の意味がすべて被害の受身や迷惑の受身ということにはならない。

　2つ目は、主に自動詞を使った間接受身の場合、「に」で示された句が省略できないことが多いという特徴がある。たとえば、(5) や (6) のような典型的な間接受身の文から「に」が付与した句を落として (8) や (9) のような文を作ってみると何かが足りない文になってしまう。

(8)　?? 亜紀が降られた。
(9)　?? 浩市が死なれた。

一方、他動詞を使用した間接受身の場合は、以下の (10) が示すように「に」が付与した句を落としても非文法的な文にはならない。

(10)　アツコが踊りをほめられた。

最後に、間接受身の文で使用される「に」は、「から」や「によって」には置き換えられないということが指摘されている。直接受身の場合は動作主を起点とした物や感情の移動を表す場合、(11)のように、「に」の代わりに「から」を使用することができる。また、動作主を中心とした何らかの創造や破壊を表す場合は、(12)のように「によって」を使用することもできる。

(11) 春子は多くの研究者から尊敬されている。
(12) その家は有名な歌手によって建てられた。

これに対して、間接受身の場合は(13)と(14)に示すように、「から」や「によって」が許されない場合もある。

(13) ＊亜紀が雨から／によって降られた。
(14) ＊浩市が父から／によって死なれた。

しかし、これは間接受身と直接受身の違いを決定づける特徴というよりは、「から」や「によって」のもつ意味的な側面に関する制限だとも考えられる。

参考文献

久野暲 (1983).『新日本文法研究』東京：大修館書店

長谷川信子 (1999).『生成日本語学入門』東京：大修館書店

Howard, Irwin and Agnes Nineyama-Howard (1976). Passivization. In M. Shibatani (Ed.), *Japanese generative grammar* (Syntax and semantics 5) (pp. 201–237). NewYork: Academic Press.

Kuroda, Sige-Yuki. (1979). On Japanese passives. In G. Bedell, E. Kobayashi, and M. Muraki (Eds.), *Explorations in linguistics: Papers in Honor of Kazuko Inoue* (pp. 305–347). Tokyo: Kenkyusha.

Tsujimura, Natsuko. (2014). *An introduction to Japanese linguistics, 3rd edition*. Hoboken, NJ: Wiley-Blackwell.

練習問題

A. 次の文を、下線部を主語とする受動態の文に書き換えなさい。
   (1) ゆかりがなおみを批判した。
   (2) 多くの学生が小柳教授に頼っている。
   (3) 柴田さんが皆に100通のメールを送った。
   (4) 池上商店でその本を売っている。

B. 次の文を直接受身と間接受身に分け、直接受身の場合は、それに対応する能動態の文を示しなさい。
   (1) ヨシオが警官に呼び止められた。
   (2) 卓也が彼女に落ち込まれた。
   (3) 1箱のリンゴが業者によって捨てられた。
   (4) ヒデキが子どもを先生に叱られた。

File 23 ● 使役

■使役

　使役（causative）とは、ある活動が何らかの事態を引き起こして、その活動を受ける人や物に状態の変化や場所の移動が起こることをいう。たとえば、机の上に置かれたコップを押すという事象を考えてみよう。この場合、(1)のような表現で活動を表すが、この事象は使役ではない。

　(1)　コップを押した。

「押す」ことは、必ずしも状態の変化や場所の移動を含んでいるわけではないからである。さらに、コップを押して、机の上から落下させたとしよう。すると、この状況は(2)で表される使役ということになる。

　(2)　コップを落とした。

「落とす」とは、コップが落ちていない状態から落ちた状態に変化することをいうからである。このように、動詞には、それ自体に使役の意味をもつものと、もたないものがある。「落とす」のように使役の意味をもつ動詞を**使役動詞**（causative verb）とよぶ。また、このように語（動詞）によって表現される使役のことを**語彙使役**（lexical causative）とよぶ。
　語彙使役とは異なり、文法的な操作によって使役の意味を表す場合がある。日本語では動詞に助動詞の「せる・させる」 File 16 を付加すると使役の意味が加わる。五段活用とサ行変格活用の動詞には「せる」が、上一・下一段活用とカ行変格活用の動詞には「させる」が付く。このように助動詞などの形態素を使って表現した使役を**形態的使役**（morphological causative）と

よぶ。形態的使役は、しばしば態 File 22 という側面から捉えられる。(3)は自動詞を使った文で、これに形態的使役を使うと(4)の使役態の文ができる。

(3) ヨウコが歩いた。
(4) 勝男がヨウコを歩かせた。

(3)の文では、「歩く」という動作の動作主に「が」が付与しているが、(4)の使役態では「を」が使われている。使役の助動詞が使われると、このように格の対応に変化が起こる。

■**使役の意味**

使役を項の意味役割 File 7 との関係で捉えてみよう。使役事象は、その出来事に関わる参与者 X と Y に関して(5)のように表すことができる。

(5) X 使役行為 → Y {状態の変化／場所の移動}

これは X(主語)が Y(目的語)に対して何らかの使役行為を行い、その行為の結果として、Y に状態の変化あるいは場所の移動が起こるという意味である。主語の X は使役文の使役主であり、意味役割は動作主である。これに対して、使役行為を受ける Y は被動作主である。ところが、この Y は状態の変化あるいは場所の移動に関しては、その主題であるとも考えられる。よって、Y は「被動作主かつ主題」という意味役割をもつという提案もある[39]。

ここまでは、使役文のもつ大枠での意味を考えてきた。だが、個々の文において表現される使役は様々である。以下に示す文を見てみよう。それぞれの文の後にカッコを付けて示したような使役に関する細かい分類をすることがで

※39 Pinker (1989) など。

きる。矢印は、上に行けば行くほど強制的な意味合いが強くなることを示す。

(6) 五郎は説得を重ねて、ジュンを東京に行かせた。（強制）
 五郎はジュンにラーメンを食べさせてあげた。（援助）
 五郎はジュンの希望を聞き入れ、彼を東京に行かせた。（許可）
 五郎はしばらくジュンのやりたいようにさせておいた。（放任）
 五郎はとうとうジュンをぐれさせてしまった。（不本意な結果）

これらの例文ではすべて形態的使役を使用しているが、文脈によって、あるいは「－ておく」や「－てしまう」といった文法的アスペクト File 14 によって異なる意味合いが出てくることがわかるだろう。
　語彙使役と形態的使役がともに同じ事象を表す場合、語彙使役の方が強制的な意味合いが強くなる。たとえば、「起こす」という語彙使役（7）と「起きさせる」という形態的使役（8）を比べてみよう。

(7) 母が弟を起こした。
(8) 母が弟を起きさせた。

語彙使役（7）の場合は、事象全体が主語である動作主によってコントロールされ、被動作主の意志は尊重されない。これに対して、形態的使役（8）では動作主は被動作主に何らかの働きかけをするのみで、最終的に動作を起こすかどうかは被動作主の意志に委ねられている。このような意味の違いを捉えて、前者を**直接使役**(direct causation)、後者を**間接使役**(indirect causation)とよぶことがある。直接使役と間接使役は、それぞれ語彙使役と形態的使役に対応する傾向があり、面白いことにこの対応は世界の多くの言語で観察されている[40]。

---

[40] Comrie (1989) 参照。

■形態的使役

　形態的使役では、自動詞を使用した使役も他動詞を使用した使役も可能である。(9)は自動詞を使用した文と、これに対応する形態的使役を使った使役文である。

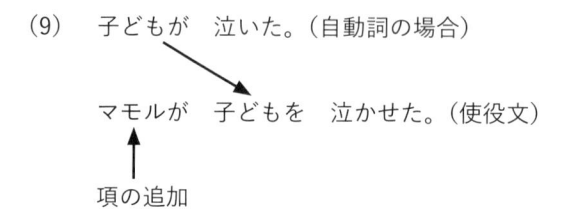

　　(9)　子どもが　泣いた。(自動詞の場合)

　　　　マモルが　子どもを　泣かせた。(使役文)
　　　　　↑
　　　　項の追加

自動詞「泣く」の主語が、使役文では「を」を伴って直接目的語として現れる。さらに、自動詞の文にはなかった使役の主が使役文の主語として現れている。次に他動詞の例を(10)に示す。

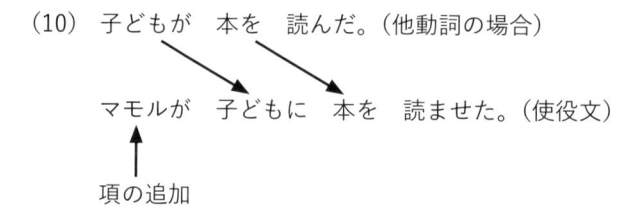

　　(10)　子どもが　本を　読んだ。(他動詞の場合)

　　　　　マモルが　子どもに　本を　読ませた。(使役文)
　　　　　　↑
　　　　　項の追加

他動詞「読む」の主語だった「子どもが」が、使役文では「に」を伴って現れる。また、直接目的語の「本を」は、使役文でもそのまま使われている。さらに、他動詞の文にはなかった使役の主が使役文の主語として追加される。

■形態的使役と格助詞

　自動詞を使用した使役文の場合、目的語に対格の「を」を使った(11)だ

けでなく、与格の「に」を使って（12）のようにすることもできる。では、（11）と（12）の違いは何だろうか。

(11) 監督がその女優を泣かせた。
(12) 監督がその女優に泣かせた。

対格「を」を使用したときは、泣くという行為に関して「女優」の意志は反映されず、「監督」の行動が原因で泣くという結果に至ったと解釈できる。これに対して、与格「に」を使用した場合は、「女優」の意志が反映されてくる。すなわち、「監督」の指示によって、「女優」が泣く（という演技）に至ったという解釈である。「に」は使役の対象となる人の意志が反映するので、結果の誘因に関するコントロールが可能な場合にのみ使用できる。よって、（13）のように使役の対象がその事象をコントロールできない場合「に」を使うことはできず、この場合は「を」を使うことになる。

(13) ＊魚に腐らせる。／魚を腐らせる。

この事実を自動詞の2分類 File 11 という点から捉えると、使役の対象に「に」を使うことができるのは、主語に動作主をとる非能格動詞のみだと言うことができる。(13) のように「腐る」という非対格動詞が使われた場合、その主語になる「魚」は主題であり、ここに意図や意志はなく、コントロールもできない。

次に、他動詞を用いた使役文を同じように考えてみる。以下、使役の対象に「を」と「に」を使った例を示す。

(14) ＊監督がその女優を涙を流させた。
(15) 監督がその女優に涙を流させた。

他動詞の場合は、使役の対象に対格の「を」を使用すると（14）のように非

文法的な文になってしまう。これは二重「を」制約 File 9 のためである。その結果、(15)のように「に」を使うことのみが可能となる。よって、ここに自動詞の場合に見られたような「を」と「に」の対比は現れず、(15)では使役対象に関する意志やコントロールの可否は曖昧になる。よって、女優が監督によって泣かされたのか、または、自らの意志で涙を流したのかは、この文ではわからない。

参考文献

Comrie, Bernard. (1989). *Language universals and linguistic typology, 2nd edition.* Chicago: University of Chicago Press.

Pinker, Steven. (1989). *Learnability and cognition: The acquisition of argument structure.* Cambridge, MA: MIT Press.

Kuroda, Sige-Yuki. (1965). Causative forms in Japanese. *Foundations of language, 1,* 30–50.

野田尚史（1991）.「文法的なヴォイスと語彙的なヴォイスの関係」仁田義雄（編）『日本語のヴォイスと他動性』(pp. 211–232). 東京：くろしお出版

柴谷方良（1978）.『日本語の分析』東京：大修館書店

練習問題

A. 次の動詞を使役動詞と非使役動詞に分けなさい。

食べる、割る、沈める、書く、開ける、飛ぶ、壊す、勉強する

B. 次の文に「私が」という使役主(動作主)を加えて、形態的使役の文を作りなさい。
 (1) 澤崎さんが走った。
 (2) 結子が電気を消した。
 (3) 渋谷さんがその仕事に就いた。
 (4) 風船がしぼんだ。

File 24 ● 関係節

■関係節

　名詞を修飾する形容詞、形容動詞、名詞などは、(1)のように修飾される名詞の直前に置く。これと同じように、文の形(節)で名詞を修飾することもできる。たとえば、(2)では「おばさんが飼っている」が「犬」を修飾している。このような連体修飾節のことを**関係節**(relative clause)とよぶ。

(1)　黒い犬、きれいなお姉さん、色黒のおばさん
(2)　おばさんが飼っている犬

　関係節という文法事項は英語の関係代名詞を学習するときに導入されるので、ここでも英語と比較しながら日本語の特徴を見ていこう。日本語の関係節(3)と(4)はそれぞれ、英語の(5)と(6)に相当する。

(3)　[___ その男の人を見た] 女の人
(4)　[その男の人が ___ 見た] 女の人
(5)　the woman [who ___ saw the man]
(6)　the woman [who the man saw ___]

鍵カッコを付けた部分が関係節である。関係節が修飾する名詞を**主要部**(**head**) File 5 とよぶ。英語では主要部 'the woman' が関係節の前に来るので、教育文法では先行詞とよばれる。これに対して、日本語では主要部「女の人」は関係節の後に来る。また、英語の関係節には通常 who, which, that などの**関係代名詞**(relative pronoun)が使われるのに対して、日本語に関係代名詞はない。関係節内に示した下線の場所は**空所**(gap)という。空所と

は、関係節内で主要部となる名詞がもともと存在していた場所である。主語の位置に空所をもつ関係節を**主語関係節**（subject relative clause）とよび、直接目的語の位置に空所をもつ関係節を**目的語関係節**（object relative clause）とよぶ。(3)と(5)が主語関係節で、(4)と(6)が目的語関係節である。これらの関係節は、文の中では(7)のように主語を修飾する要素になったり、(8)のように直接目的語を修飾する要素になったりする。下線で示した部分が、それぞれの文で、主語、直接目的語として機能する。

(7)　[その男の人を見た]女の人が　驚いた。
(8)　私は[その男の人を見た]女の人を知っている。

日本語の関係節では、**制限用法**（restrictive relative clause）と**非制限用法**（non-restrictive relative clause）の区別をしない。英語では関係節の直前のコンマの有無によってこの区別があり、解釈が異なる。(9)と(10)の解釈を比べてみよう。

(9)　I called the woman who knew Shigenori.
(10)　I called the woman, who knew Shigenori.
(11)　私はシゲノリを知っている女性に電話した。

(9)はコンマのない制限用法である。この場合、「私はシゲノリを知っている女性に電話した」という意味である。つまり、他にも女性はいるが、その中でも「シゲノリのことを知っている女性」と制限を加えている。これに対して、コンマを付けた(10)の非制限用法は、「私はある特定の女性に電話したのだが、その人というのが、シゲノリのことを知っていた」という解釈である。話者の意図が異なることがわかるだろう。このような解釈の違いは日本語の(11)には現れない。通常、日本語では両方の解釈が可能である。

■関係節化可能な名詞句

関係節は、主語関係節や目的語関係節に限られているわけではない。英語の場合は、(12)に示すすべての要素を関係節で修飾することができる。(12)は**関係節化可能性の階層**（**Noun Phrase Accessibility Hierarchy**）とよばれるもので、世界中の様々な言語を調査したKeenan and Comrie (1977)が関係節化できる名詞に階層があることを示したものである。

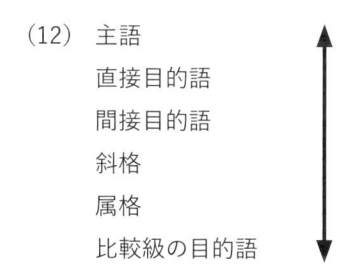

(12)　主語
　　　直接目的語
　　　間接目的語
　　　斜格
　　　属格
　　　比較級の目的語

この階層は、上に行くほど関係節化しやすく、一番下がもっとも関係節化しづらいことを示す。しかしそれだけでない。たとえば、ある言語で間接目的語の関係節化が可能だとする。すると、その言語では、間接目的語よりも階層的に上にあるすべての要素(つまり、直接目的語と主語)の関係節化も可能だということを示している。よって、間接目的語の関係節化が可能なのに、直接目的語の関係節化ができないというような言語は存在しないということになる。

関係節化の具体例を表1に示す。英語では(12)に示したすべての関係節化が可能なのに対して、日本語では斜格までが可能で、それより下の属格や比較級の目的語は関係節化できない。斜格とは英語の場合は前置詞で表されるが、日本語では「から」、「まで」、「で」、「と」といった後置詞 File 8 で示される[※41]。表1の斜格の例「大介が働いた食堂」は(13)の文の「食堂で」を関係節

※41　日本語の斜格（後置詞）に関しては、すべてが関係節化できるわけではない（井上1976を参照）。

化したものである。また、属格は所有などを表す「の」で示され、比較級の目的語は「より」で示される。表1に示したこれらの例は非文法的な節であるが、これらは下記（14）と（15）の下線部を無理やり関係節化しようとした結果である。

 （13） 大介が食堂で働いた。
 （14） アヤコが娘の友達を誉めた。
 （15） アヤコが友達より背が高い。

表1 関係節化可能性の階層に基づく英語と日本語の例

	英語	日本語
主語	the woman [who ___ saw the man]	[___ その男の人を見た] 女の人
直接目的語	the woman [who the man saw ___]	[その男の人が ___ 見た] 女の人
間接目的語	the woman [who Ayako introduced Daisuke to ___]	[アヤコが大介を ___ 紹介した] 女の人
斜格	the village [which Daisuke worked in ___]	[大介が ___ 働いた] 食堂
属格	the daughter [who Ayako praised a friend of ___]	*[アヤコが ___ 友達を誉めた] 娘
比較級の目的語	the friend [who Ayako is taller than ___]	*[アヤコが ___ 背が高い] 友達

* 英語で目的格の関係代名詞は who または whom という形をとる。

■ **特別な関係節**

 これまで見てきた関係節は、主要部が関係節の外に現れるものである。これを**主要部外在型関係節**（head-external relative clause）とよぶ。日本語の場合、これだけでなく（16）のように主要部が関係節内に現れる**主要部内在型関係節**（head-internal relative clause）も許される。（16）の関係節部分だけを取り出したものが（17）である。比較のために、これと同等の意味を表す主要部外在型関係節を（18）に示しておく。

(16) アヤコはケーキが冷蔵庫にあったのを隠して、後で密かに食べた。
(17) ［ケーキが冷蔵庫にあったの］（主要部内在型関係節）
(18) ［ ___ 冷蔵庫にあった］ケーキ（主要部外在型関係節）

主要部内在型関係節の特徴は2つある。1つは空所がないことである。(18)で空所が現れる位置には、(17)では名詞がそのまま使用されている。もう1つの特徴は、主要部に「の」が使われることである。この「の」は形式名詞 **File 3** で、関係節内の「ケーキ」を指していることからこの節の主要部だと考えられる。主要部内在型関係節は英語には存在しない。主要部内在型関係節が使用される言語は、日本語のように主要部が関係節の後にくるタイプの言語に限られていることがわかっている[※42]。

日本語にはさらにもう1つ特別な関係節がある。以下の(19)と(20)のようなもので、鍵カッコを付けた部分がその後に来る名詞を修飾している。

(19) ［アヤコがケーキを買った］おつり
(20) ［鳥が羽ばたく］音

これらの節には空所が存在しない。主要部の「おつり」や「音」が指し示す要素も鍵カッコ内にない。無理やり主要部を修飾節に収めようとすると(21)や(22)のようになってしまう。

(21) *アヤコがおつりでケーキを買った。
(22) *鳥が音で／に羽ばたく。

このような場合、被修飾名詞である主要部は修飾節に対して**外の関係**を表すといわれ、これまで見てきたような主要部の空所が関係節内にある**内の関係**と区別される。外の関係を表す連体修飾節は**疑似関係節**ともよばれる。

※42　Cole (1975) を参照。

📖 参考文献

井上和子（1976）.『変形文法と日本語（上）』東京：大修館書店

加藤重広（2003）.『日本語修飾構造の語用論的研究』東京：ひつじ書房

黒田成幸（2005）.「主辞内在関係節」『日本語からみた生成文法』(pp. 169–235). 東京：岩波書店

寺村秀夫（1992）.「連体修飾のシンタクスと意味（その 1 ～ 4）」『寺村秀夫論文集 I：日本語文法編』(pp. 157–320). 東京：くろしお出版

三原健一（1994）.『日本語の統語構造—生成文法理論とその応用—』東京：松柏社

Cole, Peter. (1987). The structure of internally headed relative clauses. *Natural Language and Linguistic Theory, 5*, 277–302.

Keenan, Edward, and Comrie, Bernard. (1977). Noun phrase accessibility and Universal Grammar. *Linguistic Inquiry, 8*, 63–99.

Kuroda, Sige-Yuki. (1992). *Japanese syntax and semantics: Collected papers.* Dordrecht: Kluwer.

✏️ 練習問題

A. 次の名詞句はどのような要素を関係節化したものか（主語、直接目的語など）、表1に照らし合わせて答えなさい。
  (1) 宏一が教えている大学
  (2) 先生が教科書を渡した生徒
  (3) その人が食べているラーメン
  (4) 車で空港に向かった選手

B. 下線部①～③のそれぞれについて、これを主要部とした関係節を作りなさい。
  ①男性が ②老婆に ③花束を 送った。

File 25 ● 語順

■基本語順

　語順（word order）とは、文の中に配置する構成素 File 5 の出現順序を指す。私たちは1度に複数の単語を発話することができないので、必然的に語に順番をつけて並べることになる。たとえば、(1) の文を語の単位に分けてみる。すると (2) のスラッシュで示したような分け方になる。

(1)　美代子がエッセイを書いた。
(2)　美代子／が／エッセイ／を／書い／た。
(3)　[美代子が][エッセイを][書いた]。

日本語は比較的語順が自由だといわれるが、(2) の分け方による語順は自由ではない。たとえば、「美代子」と「が」を逆にして「が美代子」とすることはできない。これに対して、(3) に示したように文を構成素の単位で分けると、その順番はかなり自由である。通常、語順が自由というときは、このような構成素の出現順序のことをいう。

　どの言語にも**基本語順**（canonical word order）があると仮定した場合、日本語の基本語順は「主語－直接目的語－動詞」のSOVだと考えられている。以下の他動詞を含む文 (4) では、主格が付いた主語と対格が付いた直接目的語が動詞の前にきている。

(4)　美代子がエッセイを書いた。

また、自動詞を含む動詞文、および名詞文と形容詞文 File 6 では、主語が動詞に先行するSVの順番が基本語順である。このような基本語順の判断

は、母語話者の直感によるところも大きいが、実際の使用例を調べてみると、SOV や SV はこれ以外の語順と比較して圧倒的に使用頻度が多いことがわかっている※43。

　また、三項動詞 File 10, 11 を含む文に関しては、伝統的には (5) に示すような主語 − 間接目的語 − 直接目的語 − 動詞 (S-IO-DO-V) が基本語順だと考えられてきた※44。しかし、(6) に示すように、間接目的語と直接目的語の順番を入れ替えても、ほとんど違和感はないだろう。

(5)　洋子がシノブにメールを送った。
(6)　洋子がメールをシノブに送った。

近年では、(5) と (6) に見られる間接目的語と直接目的語の順番に関しては、動詞によってその基本語順が異なるという提案もある※45。

■かき混ぜ

　日本語の語順は比較的自由である。(7) に示すような基本語順 SOV の文は、(8) のような OSV 語順にしても基本的な意味は変わらない。格助詞 File 8 によって文法関係 File 10 や意味役割 File 7 が特定化できるためである。

(7)　水澤さんが阿部君をほめた。(SOV)
(8)　阿部君を水澤さんがほめた。(OSV)

基本語順とは異なる (8) のような文を**かき混ぜ文**（scrambled sentences）とよぶ。かき混ぜ文は、基本語順の文に**かき混ぜ**（scrambling）という操作を適用した結果だと考えられている。すなわち、(9) に示すように、もとも

※43　Kuno (1973)、Yamashita (2002) など。
※44　直接目的語は DO (direct object)、間接目的語は IO (indirect object) と記すことがある。
※45　Matsuoka (2003) など。

と動詞の直前にあった直接目的語が、主語の前に**移動**（move）してOSV語順になったと考えるわけである。

(9)　阿部君を水澤さんが *t* ほめた。

その結果、もともと直接目的語があった位置には**痕跡**（trace）が残ることになる。痕跡は通常 *t* で示す。
　かき混ぜを移動のタイプによって分類することがある。その場合、これまで見てきた(9)のような文のかき混ぜを**短距離かき混ぜ**（short-distance scrambling）とよび、(10)のような**長距離かき混ぜ**（long-distance scrambling）と区別する。

(10)　阿部君を内山が [水澤さんが *t* ほめたと] 思っている。

(10)の場合、文頭の「阿部君を」は、鍵カッコで示した埋め込み節の動詞「ほめた」の直接目的語である。これが、埋め込み節だけでなく、主節の主語も通り越して文頭に移動している。その距離の長さから、これを長距離かき混ぜとよぶわけである。

■基本語順と遊離数量詞

　かき混ぜ文は、基本語順の文において名詞句を移動した結果できた文である。前述の(9)や(10)の文では直接目的語がもともとの位置から文頭に動いたと考えた。しかし、この根拠は何だろうか。直接目的語が動いたとは考えないで、OSVもSOV同様、基本語順の文だと考えてはいけないのだろうか。もしも(9)や(10)のように直接目的語が移動しているのならば、そのもともとの位置には痕跡があるはずだから、この存在を示すことができれば、か

き混ぜ文が移動の結果できた文だということを示す根拠の 1 つとなる。このために、数量詞遊離現象がしばしば取りあげられる。

　まず、数量詞遊離について簡単に説明しよう。名詞の数量を示す基本的な方法の 1 つに、修飾する名詞の直前に**数量詞**（quantifier） File 3 を用いる方法がある。(11) では「1 つ」という数量詞と属格の「の」によって後続する名詞を修飾している。また、これとは別に (12) のような方法で数量を表すこともできる。

(11) 　1 つのみかんが落ちている。
(12) 　みかんが 1 つ落ちている。

(12) の場合、数量詞は修飾される名詞の後にくる。この数量詞を**遊離数量詞**（floating quantifier）とよび、この現象を**数量詞遊離**（quantifier floating）という。(11) と (12) の統語的な関係をどのように捉えるかについては多くの議論があるが、これらは基本的に同じ意味内容を表している。

　さて、ここで語順の話に戻るが、以下の (13) と (14) はそれぞれ主語と直接目的語に遊離数量詞が使われた例で、ともに文法的な文である。

(13) 　芸人が 2 人本を書いた。
(14) 　芸人が本を 2 冊書いた。

(13) の文では「芸人が」と数量詞「2 人」が修飾関係にあるが、これを (15) のような形で引き離すと、修飾関係が成り立たなくなり非文法的な文になってしまう。これまで見てきた遊離数量詞と名詞は必ず隣接していたので、これは当然の結果のようにも思える。しかし (14) に同じことを当てはめると、(16) のような文法的な文となる。

(15) *芸人が本を 2 人書いた。(SOV)
(16) 　本を芸人が 2 冊書いた。(OSV)

(16)では文頭の直接目的語「本を」がそれを修飾する「2冊」から引き離されている。これらの間には「芸人が」という主語があり、修飾のための隣接関係が成り立たないはずである。しかし、(16)の文は(14)と同じ意味で、文法的な文である。この事実を説明するために、痕跡の存在が必要となる。すなわち、(16)のOSV語順が移動によるものだとすれば、直接目的語が動いた後には(17)に示すような痕跡(*t*)が残ることになる。そして、この痕跡が遊離数量詞と隣接しているためにこの文は文法的だというわけである。

(17) 本を芸人が *t* 2冊書いた。(OSV)

一方、非文法的な(15)は、もともとSOV語順なので痕跡は存在しない。このために、遊離数量詞とそれが修飾する名詞句に隣接関係が成り立たず、非文法的ということになる。このように数量詞遊離という現象に基づいて、日本語の基本語順がSOVであり、OSVはかき混ぜの結果であると捉える立場がある。

■**右方移動**

語順に関する自由度が高い日本語でも、動詞が文末に置かれるということは大原則だと考えられてきた。しかしながら、これは書き言葉での話であり、実際の会話では動詞よりも後に主語や直接目的語が使用されることは少なくない。下記(18)〜(21)の例では、動詞の後にカッコに示した要素が置かれている。

(18) もう見ましたよ、その映画は。(トピック)
(19) 苦手なんですよ、あの人が。(主語)
(20) 学生は批判するんです、あの先生を。(直接目的語)
(21) 総理大臣が二人も出ました、この町から。(後置詞句)

このような現象は、動詞の後にくる要素が元の位置から右方向に動くように見えるので、**右方移動**（right dislocation）とよばれる。右方移動を受ける要素に対して、文法関係や格に関する制限はない。しかし、どのような場合でも右方移動が可能だというわけではない。下記の（22）と（23）の文は、文脈がない場合、不自然だと思われる。

（22）？エリザベスが食べました、寿司を。
（23）＊北川さんが飲みましたか、何を。

これらの文に共通するのは、動詞の後にくる要素が、聞き手にとって比較的重要度の高い新情報だということである。前出の（18）〜（21）には、「この」や「その」などの指示詞が使われて、右方移動した要素がすでに会話の中で触れられていた可能性を示している。これに対して（22）の「寿司を」は、この発話で初めて言及された新情報である可能性が高い。また、（23）の「何を」の場合は、疑問詞を含んでいるので必然的に新情報ということになる。このような新情報は重要度の高い情報であり、日本語では動詞の前に置かなければならないという機能的な制約がある。（22）と（23）の文ではこれに反して動詞の後に新情報が置かれていることが、これらの文の不自然さや非文法性の原因だと考えられる。

参考文献

久野暲（1978）.『談話の文法』東京：大修館書店

高見健一（1995）.『機能的構文論による日英語比較─受身文、後置文の分析─』東京：くろしお出版

Kuno, Susumu. (1973). *The structure of the Japanese language*. Cambridge, MA: MIT Press.

Kuroda, Sige-Yuki. (1983). What can Japanese say about Government and Binding? In *Proceedings of the West Coast conference on formal linguistics 2*, 153–164. Stanford, CA: Stanford Linguistics Association.

Matsuoka, Mikinari. (2003). Two types of ditransitive constructions in Japanese.

Journal of East Asian Linguistics, 12, 171–203.

Miyagawa, Shigeru. (1989). *Structure and case marking in Japanese.* San Diego: Academic Press.

Saito, Mamoru. (1985). Some asymmetries in Japanese and their theoretical implications. Unpublished doctoral dissertation, MIT.

Yamashita, Hiroko. (2002). Scrambled sentences in Japanese: Linguistic properties and motivation for production. *Text, 22*, 597–633.

練習問題

A. 次の文の下線部を文頭に移動して、できた文の文法性（または容認度）を示しなさい。
 (1) 景子がメガネをかけている。
 (2) 狩野さんがコーラが好きだ。
 (3) 怪しい男が宮崎さんに薬を渡した。
 (4) 彼は僕が社長を批判していると言った。

B. 次の文の語順に関して、基本語順かどうかを判断し、基本語順でない場合はどのような操作（短距離かき混ぜ、長距離かき混ぜ、右方移動）が加えられた文か答えなさい。
 (1) 勝男がヨーコに指輪をあげた。
 (2) いいですね、その時計。
 (3) 借金を君は僕が払うと思っているのですか。
 (4) 近藤さんをトモヒコが推薦した。

File 26 ● 照応表現

■代名詞

　言語学ではしばしば代名詞の解釈が問題となる。代名詞の解釈には、構造的な制約があり、それが言語によって異なるという提案がある。名詞は特定の人や物を指すが、代名詞には**照応表現**(anaphoric expression)がある。照応表現とは、(1)の「彼」や(2)の「自分」のように、前の文に登場したり同じ文の中で使われたりする語と同じ内容や対象を指すことをいう。

(1)　一郎が彼を批判した。
(2)　一郎が自分を批判した。

(1)の「彼」は、この文には登場しない(文脈から推測できる)「誰か」を指しているし、(2)の「自分」は「一郎」を指す表現である。このような代名詞が指し示す要素を、代名詞の**先行詞**(antecedent)とよぶ。先行詞と代名詞の照応関係は、(3)と(4)に示すように下付きの i, j, k などを使って示す。また、照応関係が成り立たないときは、(4)の $*j$ のようにアステリスクマークを使って示す。

(3)　一郎$_i$が自分$_i$を批判した。
(4)　一郎$_i$が次郎$_j$に自分$_{i/*j}$の話をした。

これらの文を見ると、どのような要素でも「自分」の先行詞になれるわけではないことがわかるだろう。

■再帰代名詞の特徴

代名詞の中でも「自分」のような**再帰代名詞**(reflexive pronoun)は、先行詞を同じ文の中にもたなくてはならない[※46]。しかし、(5)の文でも(6)の文でも、「自分」の先行詞になれるのは「一郎」だけである。

(5)　一郎$_i$が次郎$_j$に自分$_{i/*j}$の話をした。
(6)　一郎$_i$が花子$_j$を自分$_{i/*j}$の部屋で責めた。

(5)と(6)を見ると、「自分」の先行詞は主語 File 10 に限られるということがわかるだろう。これを「自分」の**主語指向性**(subject orientation)という。この特徴から、「自分」は主語を特定するための方法 File 10 としてもしばしば使われる。

再帰代名詞のもう1つの特徴が、再帰代名詞と先行詞に関する距離に見られる。(7)の文における「自分」の先行詞は、「一郎」または「次郎」のどちらかであり、どちらの解釈も成り立つ。

(7)　一郎$_i$が[次郎$_j$が自分$_{i/j}$を批判した]と思った。

「一郎」も「次郎」も主格の付いた主語である。ここでは、これらの先行詞から「自分」までの距離に着目してみよう。「次郎」は、鍵カッコで示した「自分」と同じ埋め込み節の中にある。このように同じ節の中で照応関係が成り立つことを**短距離束縛**(short-distance binding)とよぶ。これに対して、「一郎」は、「自分」が含まれる節の外にある。これを**長距離束縛**(long-distance binding)とよぶ。これらの例から、日本語の「自分」には、短距離束縛と長距離束縛の両方の特徴があることがわかる。

※46　統語理論では再帰代名詞を照応形(anaphor)、「彼」などを代名詞(pronominal)とよんで区別することがある。

ここで、「自分」には特別な用法があるということを付け加えておきたい。たとえば、(8) では「自分」は話者自身のことを表す表現として使われている。つまり、1人称の代名詞と同じである。また、(9) は「独力で」という意味で使われる表現である。これらの用法に上記で触れた再帰代名詞の特徴は当てはまらない。

(8)　　自分の出身は東京です。
(9)　　自分で食べていくのは大変だ。

■日本語と英語の再帰代名詞

　日本語の再帰代名詞と英語の再帰代名詞 "-self" を比較しながら、再帰代名詞の特徴を見ていく。まず英語の再帰代名詞を見てみよう。(10) と (11) は、それぞれ (3) と (4) の日本語を英語で表現したものである。

(10)　　Ichiro$_i$ criticized himself$_i$.
(11)　　Ichiro$_i$ told Jiro$_j$ about himself$_{i/j}$.

(10) には日本語の文 (3) と同じ照応関係が見られる。これに対して、(11) の himself は Ichiro だけでなく Jiro も先行詞にできるという点で (4) の日本語とは異なる。(11) の文で Jiro は主語ではないから、英語の再帰代名詞の先行詞は、主語とは限らないということになる。つまり、英語の再帰代名詞に主語指向性はないということである。
　次に "himself" と先行詞の距離について見てみる。以下の (12) は日本語の文 (7) を英語で表現したものだが、ここにも日本語とは異なる特徴があることに気づくだろう。

(12)　　Ichiro$_i$ thought that [Jiro$_j$ criticized himself$_{*i/j}$].

この文で、"himself" は同じ節の中にある Jiro を先行詞とすることはできても、その節の外にある Ichiro を先行詞とすることはできない。言い換えると、英語の再帰代名詞では、短距離束縛は問題ないが、長距離束縛は許されないのである。

ところで、日本語には「自分」以外にも「自分自身」と「彼自身・彼女自身」という再帰代名詞がある[※47]。これらの主語指向性を調べるために前出 (5) の文を使って (13) の文を作ってみる。また、短距離束縛性と長距離束縛性を調べるために (7) の文を当てはめて (14) の文で確かめてみる。

(13) 主語指向性を調べるための文 (5)
    a.   一郎$_i$が次郎$_j$に自分自身$_{i/*j}$の話をした。
    b.   一郎$_i$が次郎$_j$に彼自身$_{i/j}$の話をした。

(14) 短距離束縛性と長距離束縛性を調べるための文 (7)
    a.   一郎$_i$が [次郎$_j$が自分自身$_{*i/j}$を批判した] と思った。
    b.   一郎$_i$が [次郎$_j$が彼自分$_{*i/j}$を批判した] と思った。

(13) から、主語指向性は「自分自身」にはあるが、「彼自身」にはないことがわかるだろう。また (14) から、「自分自身」も「彼自身」も短距離束縛のみを許す再帰代名詞だということがわかる。

ここまで見てきた日本語と英語の再帰代名詞の特徴をまとめると表1のようになる。ここで特筆すべきことは、日本語の「彼自身・彼女自身」と英語の "himself/herself" は、主語指向性と短距離束縛性および長距離束縛性という3つの特徴について、同じ性質をもっているということである。

[※47] ここで「彼自身・彼女自身」は、1人称の「私自身」と2人称の「あなた自身」も含めた代表例として扱う。英語の himself/herself も同様に、その他の -self という形を代表するものとして扱う。

表1　日本語と英語の再帰代名詞の特徴

	主語指向性	短距離束縛性	長距離束縛性
自分	＋	＋	＋
自分自身	＋	＋	－
彼自身・彼女自身	－	＋	－
himself/herself	－	＋	－

※＋の記号は、その特徴があることを示し、－の記号はその特徴がないことを表す。

　再帰代名詞の解釈については、その判断が分かれることも少なくない。特に日本語の場合は、文法的な制約ではなく談話上の影響や視点の問題も指摘されており、これらが再帰代名詞の解釈を決定するという立場もあるということを付け加えておく。

■ゼロ代名詞

　日本語は項 File 7 の省略が頻繁に起こる言語である。英語とは異なり、主語や直接目的語を必ずしも使う必要はない。(15) の英語と (16) の日本語で下線部の表現を比べてみよう。

(15)　I saw Sarah yesterday, and she seemed to be busy as usual.
(16)　昨日、セーラを見かけましたが、相変わらず忙しそうでした。

英語の場合、主語や直接目的語は義務的な要素なので、(15) の下線部を省略することはできない。一方、日本語の場合は省略する方がむしろ自然な場合も多い。(16) のような主節の主語に使う1人称の代名詞「私が」は、ほとんどの場合省略される。また、同じ文で直接目的語に使われた「セーラ」は、次の節（英語では下線部の she）では省略されている。文脈から明らかだからである。
　このような英語と日本語の対応関係を見ると、日本語で省略が起こっている部分には英語では代名詞が使われていることに気づくだろう。つまり、日

本語では、本来そこにあるべき代名詞が出てこないのである。音を伴った語としては現れないが、文を解釈する際に必要な情報として存在するものなので、これを**ゼロ代名詞**(zero pronoun または null pronoun)とよぶ[※48]。

参考文献

久野暲 (1978).『談話の文法』東京:大修館書店

白畑知彦 (2006).『第二言語習得における束縛原理—その利用可能性—』東京:くろしお出版

三原健一・平岩健 (2006).『新日本語の統語現象』東京:松柏社

Aikawa, Takako. (1999). Reflexives. In N. Tsujimura (Ed.), *The handbook of Japanese linguistics* (pp. 154–190). Oxford: Blackwell.

Chomsky, Noam. (1981). *Lectures on government and binding*. Dordrecht: Foris.

Tsujimura, Natsuko. (2014). *An introduction to Japanese linguistics, 3rd edition*. Hoboken, NJ: Wiley-Blackwell.

練習問題

A. 次の中から照応表現をもつ語をあげなさい。

犬、それ、父親、彼女、自分、友達

B. 次の文のXに「自分」、「自分自身」、「彼自身」を使って3つの文を作りなさい。また、作った文における照応関係を i, j, k とアステリスクマークを使って示しなさい。

小田は人介が麻央にXを紹介したと言った。

※48 文法理論では pro と記すことが多い。

File 27 ● 授受表現と待遇表現

■ 授受表現

　物や恩恵のやりとりを表す表現を**授受表現**、または**やりもらい表現**という。授受表現は、(1) に示すような動詞で表され、カッコ内に示す敬語形も存在する。なお、ここでとりあげていない「やる」は「あげる」と同等と見なして、ここでは「あげる」を例にして見ていく。

(1)　あげる（さしあげる）、もらう（いただく）、くれる（くださる）

　まず「**あげる**」と「**もらう**」を比べてみよう。これらはともに三項動詞 File 11 で、(2) と (3) が示すように文中に現れる格助詞 File 8 のパターンも同じである[※49]。これらの文は同じ出来事を表すが、意味役割 File 7 に関しては、(2) の「あげる」が使われた文では「動作主 − 受益者 − 主題」の順番となるのに対して、(3) の「もらう」の文では「受益者 − 動作主（または起点）− 主題」の順番となる。

(2)　白井が　黒田に　飴を　あげた。
　　　動作主　受益者　主題
(3)　黒田が　白井に　飴を　もらった。
　　　受益者　動作主　主題

次にもう 1 つの授受を表す動詞「**くれる**」を、これらと対比してみる。以下の (4) は上記 (2) と (3) と同内容を表すが不自然である。

※49　ただし (3) の「もらう」では、動作主に「から」を使うこともできる。

(4) ？白井が　黒田に　飴を　くれた。
　　　動作主　受益者　主題

この原因は、「くれる」の場合、話者は受益者の立場から出来事を表現しなければならないからである。(4)の受益者に話者自身である「僕」や話者との関係が近い「私の妹」というような語を使って(5)のようにすると不自然さがなくなる。このような出来事を捉えるときの立場を**視点**（viewpoint）という。

(5) 　白井が　僕に／私の妹に　飴を　くれた。

　授受表現は視点に敏感である。表1は(1)に示した動詞が、文中のどのような要素(主語、間接目的語などの文法関係)に視点を要求するのか示したものである。話者や話者に近い者、すなわち話者の共感を得やすい人や物が文に登場する場合、それが適切な視点の位置にないと不自然な表現になる。表1の例文からもわかるとおり、「あげる」と「もらう」に関しては、どちらも主語への視点が要求される。これに対して、「くれる」では間接目的語への視点が要求される。

表1　3つの授受動詞が要求する視点の位置

動詞	視点が要求される位置	例文（「私」が主語）	例文（「私」が間接目的語）
あげる	主語（動作主）	私が恵美に水をあげた。	？恵美が私に水をあげた。
もらう	主語（受益者）	私が恵美に水をもらった。	？恵美が私に水をもらった。
くれる	間接目的語（受益者）	？私が恵美に水をくれた。	恵美が私に水をくれた。

「あげる」、「もらう」、「くれる」は動詞としてだけでなく、補助動詞として(6)のように動詞のテ形に付く。

(6)　手伝ってあげる、教えてもらう、走ってくれる

これらの場合、物体の授受ではなく、恩恵に関するやりとりを表現することが多い。このときも、補助動詞「あげる」、「もらう」、「くれる」が要求する視点の位置は、本動詞の場合と変わらない。しかし、補助動詞は様々な動詞に使うことができるので、その動詞の素性にしたがって意味役割と格が決まる。たとえば、(7)の文の受益者には対格の「を」が付き、(8)の動作主（または起点）は「に」だけでなく「から」を使うこともできる。また、(9)の受益者に「に」を使うことは許されず、「のために」が使われる。

(7)　私が恵美を手伝ってあげた。
(8)　私が恵美から英語を教えてもらった。
(9)　恵美が私のために走ってくれた。

■**待遇表現**

　同じ内容を伝達する場合でも、伝える相手によって表現方法は異なる。発話の状況や対人関係を考慮するからである。このようにして使い分ける表現を**待遇表現**という。その中でも、話者が聞き手や話題に対して敬意を示すときに使う語が**敬語**である[※50]。
　敬語の代表的なものとして尊敬語と謙譲語をあげることができる。**尊敬語**とは、尊敬の対象となる人に対して、その人の動作や属性（性格や特徴）、所有物や置かれた状況などを高める語句である。これに対して、**謙譲語**とは、動作の主体となる人物がへりくだることによって、相対的に相手を高める表現である。
　表2は、尊敬語や謙譲語が、どのような形をとるのかをまとめたものである。動詞には、カッコ内にもともとの動詞（尊敬語や謙譲語でないもの）を示した。前項で見た、授受表現の「あげる」と「もらう」は、それぞれ「さ

※50　2007年に文化審議会からの答申として「敬語の指針」が発表され、文化庁のホームページで公開されている。

しあげる」、「いただく」という形で謙譲語として使われる。一方、「くれる」には「くださる」という尊敬語がある。動詞に接頭辞の「お」や「ご」を付けて、ある程度生産的に尊敬語や謙譲語を作ることもできる。尊敬語の場合は、「お－になる」、「ご－になる」 File 10 という形をとり、謙譲語の場合は、「お－する」、「ご－する」という形をとる。また、尊敬語の場合は、尊敬を表す助動詞「れる・られる」 File 16 を使ったり、形容詞や形容動詞に接頭辞の「お」や「ご」を付けたりする形がある。さらに、名詞にも接頭辞の「お」や「ご」を使い尊敬語や謙譲語とする用法がある。たとえば、「お客様への」などというような行為の方向性を示す表現と共に使われる場合は謙譲の意味が出てくるが、「社長の」というような敬意の対象となる人の行為を表す場合は尊敬と捉えられる。

表2　尊敬語と謙譲語の語例

	尊敬語	謙譲語
動詞	いらっしゃる（行く、来る）、召し上がる（食べる、飲む）、おっしゃる（言う）、ご覧になる（見る）、くださる（くれる）	伺う（たずねる、行く、来る）、申し上げる（言う）、拝見する（見る）、参る（行く、来る）、いただく（食べる、飲む、もらう）、さしあげる（あげる）
動詞に接頭辞「お」、「ご」が付く	お読みになる、お食べになる、お歩きになる、ご出席になる	お伝えする、お待ちする、お送りする、お読みする、ご報告する、ご相談する
助動詞「れる・られる」	読まれる、食べられる、歩かれる	──
形容詞・形容動詞に接頭辞「お」、「ご」が付く	お忙しい、お安い、おきれいだ、ご機嫌だ	──
名詞に接頭辞「お」、「ご」が付く	お名前、ご病気、ご住所、ご多忙	お手紙、ご報告、ご相談

■丁寧体

話者は聞き手との関係や発話状況などによって、文のスタイルを使い分け

る。**普通体**は(10)のようなもので、カジュアルな雰囲気で聞き手に対する親近感を表し、目下の相手に使ったり、聞き手が存在しない独話(ひとりごと)に使ったりする。これに対して(11)の**丁寧体**は、フォーマルな状況で使ったり、聞き手に対する丁寧さを示したりするもので、一般に「です・ます調」ともいわれる。

(10) 後で電話するよ。悪いけど、少し待ってくれない。
(11) 後で電話しますよ。悪いですけど、少し待ってくれませんか。

表3は普通体と丁寧体を比較したものだが、ここでは、丁寧体の場合に述語がどのような形になるのか説明を加えておく。動詞は、非過去には助動詞の「ます」が付き、これが過去になると「ました」という形になる File 13, 17, 21 。形容詞の丁寧体には判定詞の「です」(非過去)が付くが、過去の場合は「でした」ではなく、「−かったです」となる。これは形容詞を過去形にしてから「です」を付けた形である。形容動詞と名詞の場合は、ともに判定詞を使い「です」(非過去)、「でした」(過去)という形が使われる。

表3 普通体と丁寧体の語形

	普通体		丁寧体	
	非過去	過去	非過去	過去
動詞	行く	行った	行きます	行きました
形容詞	高い	高かった	高いです	高かったです (*高いでした)
形容動詞	元気だ	元気だった	元気です	元気でした
名詞＋判定詞	本だ	本だった	本です	本でした

述語を否定にすると、丁寧体ではさらに複雑な形になる。この場合、表4が示すとおり非過去にも過去にも、2通りの形が現れる。1つは「ます」を基本に使うもので、それぞれの例の上段に示したものである。非過去の場合、「行きません」、「高くありません」、「元気じゃありません」(または、

「元気ではありません」)などとなる。もう1つは下段に示した「です」を基本に使う形で、非過去では「行かないです」、「高くないです」、「元気じゃないです」(または、「元気ではないです」)などとなる。過去の場合も、同様に2通りの形が現れる。

表4　否定述語における丁寧体

	非過去	過去
動詞	行きません 行かないです	行きませんでした 行かなかったです
形容詞	高くありません 高くないです	高くありませんでした 高くなかったです
形容動詞	元気じゃありません 元気じゃないです	元気じゃありませんでした 元気じゃなかったです
名詞＋判定詞	本じゃありません 本じゃないです	本じゃありませんでした 本じゃなかったです

参考文献

菊地康人 (1994).『敬語』東京：講談社

久野暲 (1978).『談話の文法』東京：大修館書店

南不二男 (1987).『敬語』東京：岩波書店

山田敏弘 (2004).『日本語のベネファクティブ―「てやる」「てくれる」「てもらう」の文法―』東京：明治書院

Jorden, Eleanor, with Noda, Mari. (1988). *Japanese: The spoken language, part 2.* New Haven, CT: Yale University Press.

練習問題

A. 次の文に使用されている授受表現がなぜ不適切なのか説明して、意図する出来事を表すように動詞を変えて適切な文にしなさい。

(1) その先生が私に敬語を教えてあげました。

(2) 父が吉田さんに何冊かの本をくれたらしい。

B. 次の語を尊敬語と謙譲語に分けなさい。

お着きになる、拝読する、お名前、さしあげる、お元気だ、お住まい、いただく、お着替えになる、お見送りする

File 28 ● 英語論文における日本語表記

■ ローマ字

　言語学の分野では、日本語を扱った論文の多くが英語で書かれている。このファイルでは、英語論文における日本語の記述に関するいくつかの重要事項について説明する。

　英語論文では、日本語はローマ字で表記する。**ローマ字**（Roman alphabet）には、よく知られるように**訓令式**（表1）と**ヘボン式**（表2）がある。訓令式は内閣が告示したもので、現在も文化庁のホームページにその一覧と解説が掲載されている。一方、ヘボン式は、アメリカ人のヘップバーン（James Curtis Hepburn）の方式がもとになり広く使われている。どちらを使うかは、著者の自由だが、両方を混ぜて使うことは避け、どちらかを一貫して使用することが望ましい。

　本文の中で日本語の語句や文を提示するときは、**斜字体**（italic）で示し、その直後に**引用符**（quotation mark）を用いて英訳を示すことが多い。たとえば(1)に示した英文では、「3人」と「学生が」という日本語が使われている。ここでは、シングルクォートを使って 'three people' のように英訳を示しているが、"three people" のようなダブルクォートを使うこともある。これは書籍やジャーナルによって指定されていることが多い。

(1)　In the following sentence, the quantifier modifies the subject, and the floating quantifier *san-nin* 'three people' is not adjacent to its host NP *gakusee-ga* 'students' because of the intervening direct object.

表1　訓令式ローマ字（ヘボン式と異なる部分を太枠で示してある）

	あ段	い段	う段	え段	お段	拗音		
あ行	a	i	u	e	o			
か行	ka	ki	ku	ke	ko	kya（きゃ）	kyu（きゅ）	kyo（きょ）
さ行	sa	si	su	se	so	sya（しゃ）	syu（しゅ）	syo（しょ）
た行	ta	ti	tu	te	to	tya（ちゃ）	tyu（ちゅ）	tyo（ちょ）
な行	na	ni	nu	ne	no	nya（にゃ）	nyu（にゅ）	nyo（にょ）
は行	ha	hi	hu	he	ho	hya（ひゃ）	hyu（ひゅ）	hyo（ひょ）
ま行	ma	mi	mu	me	mo	mya（みゃ）	my（みゅ）	myo（みょ）
や行	ya		yu		yo			
ら行	ra	ri	ru	re	ro	rya（りゃ）	ryu（りゅ）	ryo（りょ）
わ行	wa							
が行	ga	gi	gu	ge	go	gya（ぎゃ）	gyu（ぎゅ）	gyo（ぎょ）
ざ行	za	zi	zu	ze	zo	zya（じゃ）	zyu（じゅ）	zyo（じょ）
だ行	da	zi	zu	de	do	zya（ぢゃ）	zyu（ぢゅ）	zyo（ぢょ）
ば行	ba	bi	bu	be	bo	bya（びゃ）	byu（びゅ）	byo（びょ）
ぱ行	pa	pi	pu	pe	po	pya（ぴゃ）	pyu（ぴゅ）	pyo（ぴょ）
ん	n							

表2　ヘボン式ローマ字（訓令式と異なる部分を太枠で示してある）

	あ段	い段	う段	え段	お段	拗音		
あ行	a	i	u	e	o			
か行	ka	ki	ku	ke	ko	kya（きゃ）	kyu（きゅ）	kyo（きょ）
さ行	sa	shi	su	se	so	sha（しゃ）	shu（しゅ）	sho（しょ）
た行	ta	chi	tsu	te	to	cha（ちゃ）	chu（ちゅ）	cho（ちょ）
な行	na	ni	nu	ne	no	nya（にゃ）	nyu（にゅ）	nyo（にょ）
は行	ha	hi	fu	he	ho	hya（ひゃ）	hyu（ひゅ）	hyo（ひょ）
ま行	ma	mi	mu	me	mo	mya（みゃ）	my（みゅ）	myo（みょ）
や行	ya		yu		yo			
ら行	ra	ri	ru	re	ro	rya（りゃ）	ryu（りゅ）	ryo（りょ）
わ行	wa							
が行	ga	gi	gu	ge	go	gya（ぎゃ）	gyu（ぎゅ）	gyo（ぎょ）
ざ行	za	ji	zu	ze	zo	ja（じゃ）	ju（じゅ）	jo（じょ）
だ行	da	ji	zu	de	do	ja（ぢゃ）	ju（ぢゅ）	jo（ぢょ）
ば行	ba	bi	bu	be	bo	bya（びゃ）	byu（びゅ）	byo（びょ）
ぱ行	pa	pi	pu	pe	po	pya（ぴゃ）	pyu（ぴゅ）	pyo（ぴょ）
ん	n, m							

File 28 ●英語論文における日本語表記

■例文の提示

論文の中で例文を提示するときは、順に番号をふって、下記のように3行で示す。

(2)　Miki-ga　　Mao-o　　hometa yo.　　←ローマ字による文の提示
　　　Miki-Nom Mao-Acc praised Pcl　　←形態素ごとの注記
　　　'Miki praised Mao.'　　　　　　　　←英語訳

(3)　Mao-wa Miki-ni home-rare-ta　　to　　omotte-iru-rasii.
　　　Mao-Top Miki-by praise-Pass-Pst Comp think-Prog-seem
　　　'Mao seems to think that she was praised by Miki.'

　1行目には**ローマ字による日本語（romanized Japanese）**を示す。文の場合、大文字で始めて、文末にはピリオドを打つ。拘束形態素 File 1 はハイフンを用いて示すことが多い。助詞の中でも格助詞や副助詞にはハイフンを付けることが多いが、節や文に付く助詞の場合はハイフンを付けないことが多い。また、動詞に付く助動詞は分けて示さずに全体を1語として扱うことも多い。しかし、この部分が分析の対象である場合は(3)のように形態素ごとに細かく分けて示す必要がある。どこまで詳細に提示するのかは著者の判断に委ねられている。

　2行目には**形態素ごとの注記（morpheme-by-morpheme gloss）**を示す。これは1行目に提示した1つ1つの語、または、形態素ごとに付していく。ここで示すことは、語（あるいは形態素）の意味、機能、統語カテゴリー（または品詞）のいずれかである。基本的に内容語はその意味を英単語で示す。また、機能語は機能か統語カテゴリー（または品詞）を略語で示す。英単語は小文字で表記し、略語は次ページの表3のように語頭を大文字にするか全体を大文字で記して英単語と区別することが多い。これらの略語の表記は決まっているわけではない。よって、**略語一覧（list of abbreviations）**を書籍の巻頭や論文の脚注に示すこともある。

表3 略語の例

略語	英語	対応する日本語
Acc	accusative case	対格
Asp	aspect	相、アスペクト
Caus	causative	使役
Cl	classifier	助数詞
Comp	complementizer	補文標識
Cond	conditional	条件
Cont	continuative	継続
Cop	copula	判定詞、コピュラ
Desi	desiderative	願望
Det	determiner	決定詞
DO	direct object	直接目的語
Gen	genitive	属格
Hon	honorific	尊敬
Imp	imperative	命令
IO	indirect object	間接目的語
Loc	locative	場所格
Neg	negative	否定
Nom	nominative	主格
Nomi	nominalizer	名詞化辞
Obj	object	目的語
Obl	Oblique	斜格
Pass	passive	受身
Pcl	particle	助詞
Perf	perfective	完了
Poss	possessive	所有
Poten	potential	可能
Prog	progressive	進行
Prs	present	現在（非過去）
Pst	past	過去
Q	question	疑問
Spon	spontaneous	自発
Subj	subject	主語
Tns	tense	時制、テンス
Top	topic	主題

上記(2)と(3)の形態素ごとの注記に関して、多少の説明を加えておく。動詞部分は(2)では1行目に hometa と1語で示しているので、2行目でも1語で示す。この際、hometa という過去の意味が反映するように praised と過去形で表記する。(3)の同じ部分については、1行目に home-rare-ta と3つの形態素で示しているので、2行目でもこれに対応させて praise-Pass-Pst と記す。

　助詞に関しては、格助詞の場合、Nom（主格）、Acc（対格）などと格の名称で示すことが多いが、終助詞の場合は単に Pcl（助詞）とすることも多い。もしも終助詞のモダリティ File 18 を示したければ、そのような表示をしてもよい。実際、疑問の「か」や「の」は通常 Q と表記される。(3)では受身の動作主を示す Miki-ni を、2行目で Miki-by と提示しているが、これは、この場合の -ni が統語的には格助詞ではなく後置詞であるため File 22 、英語でこれに相当する前置詞 by を使って示したものである。また、(3)の文で埋め込み節を導く to は、ここでは引用の助詞（格助詞）としてではなく統語カテゴリーを示して Comp（補文標識） File 4 と示している。

　3行目には**英語訳**（English translation）を示す。引用符を用い、ピリオドもこの中に入れる。シングルクォートにするかダブルクォートにするかは、書籍やジャーナル次第である。英語訳は、文法事項を的確に表示するために直訳（逐語訳）にすることが望ましい場合もあれば、発話の意図が伝わるように、意訳にした方が望ましい場合もある。このあたりは、著者の判断次第ということになる。

■論文のスタイル

　論文全般についても、表記の方法、引用の方法、図表の示し方、文献の示し方などに関する決まり事がある。言語学の分野でもっとも幅広く使われているスタイルに、APA と MLA をあげることができる。**APA スタイル**とは American Psychological Association（アメリカ心理学会）が推奨するスタイルで、科学論文で多く使用されている。また、**MLA スタイル**は Modern

Language Association of America（米国現代語学文学協会）によるもので、主に人文科学の分野で使用されている。両方とも参考文献に示す公式マニュアル、および日本語訳が発行されている。なお、これらのマニュアルは改訂されることも多いので、最新版を参照することが望ましい。

参考文献

Publication manual of the American Psychological Association, 6th edition. (2009). American Psychological Association.［アメリカ心理学会（著），前田樹海・江藤裕之・田中建彦（訳）(2011).『APA論文作成マニュアル 第2版』東京：医学書院］

The MLA handbook for writers of research papers, 7th edition. (2009). Modern Language Association.［ジョゼフ・F. トリマー（著），丸橋良雄・日高真帆（訳）(2011).『MLA英語論文作成ガイド―補遺・APA方式―第8版』東京：英光社］

The MLA style manual and guide to scholarly publishing, 3rd edition. (2008). Modern Language Association.

練習問題

A. 次の文を、本文中 (2) の例にしたがって英語論文用に書きなさい。
  (1) 太郎が花子にジョンを紹介した。
  (2) 私は梅子が父に叱られたと聞いた。
  (3) 裕美子が家で歌っているよ。

B. 上記の3つの文を、本文中 (3) に示した詳細な方法で英語論文用に書きなさい。

索　引

A-Z

APAスタイル　189
MLAスタイル　189
ru-verb　133
S-IO-DO-V　166
SOV　165
SV　165
u-verb　133
wh in-situ　34
wh疑問文（wh-question）　33

あ

「あげる」　178
アスペクト（aspect）　78, 86, 91

い

言いさし表現　119
イ音便　138
イ形容詞　9
意向形（volition form）　137
意志　111
意志形（volition form）　137
意志動詞　77
依存関係（dependency）　27
一部列挙　117
一致（agreement）　24, 65, 132
一般名詞　11
移動（move）　167
移動動詞（motion verb）　81
意味役割（thematic role/semantic role）
　　37, 71, 154

引用の助詞　116
引用符（quotation mark）　185

う

「う」　111
ウ音便　142
受身　103
打ち消し　105
内の関係　163
右方移動（right dislocation）　170
埋め込み節（embedded clause）　35

え

英語訳（English translation）　189
英語論文における日本語表記　185

お

音便　138, 142

か

「が」　46, 50, 51, 77, 128
階層構造（hierarchical structure）　29
ガ格　43
係助詞　123
かき混ぜ（scrambling）　166
かき混ぜ文（scrambled sentence）　166
カ行変格活用（カ変）　132
格（case）　43
格助詞（case particle）　43, 46, 115, 125,
　　156, 189
格助詞脱落（case drop）　66, 130

191

過去（past）84, 86, 106
過去形（past form, perfective）137
学校文法　1
活動（activity）79
活用（conjugation）132, 141
活用形　136
活用語　7, 132
活用語尾　133
活用表　133
仮定形　137, 141
可能　103
「が」・「の」交替（ga/no conversion）50
上一段活用　132
関係節（relative clause）159
関係節化可能性の階層（Noun Phrase Accessibility Hierarchy）161
関係代名詞（relative pronoun）159
感情形容詞　10
間接受身（indirect passive）149
間接使役（indirect causation）155
間接目的語（indirect object）60
感嘆文　34
間投詞（interjection）12
感動詞（interjection）12
間投助詞　121
願望　112
勧誘　106
完了　86, 93, 102

き

疑似関係節　163
起点（source）39, 56
起点を表す「を」53
機能語（function word）7
機能範疇（functional category）25
基本語順（canonical word order）165
疑問詞（interrogative）33
疑問文（question）33

逆接　119
教育文法（pedagogical grammar）1
共格（comitative）44
共起（co-occurrence）21
極限　124

く

句（phrase）5, 26
空所（gap）159
具格（instrumental）44
句構造（phrase structure）26
屈折辞（Inflection / INFL）24
句点　3
句範疇（phrasal category）26
「くれる」178
訓令式　185

け

経験　93
敬語　180
形式動詞　15
形式名詞　16, 50, 163
係助詞　123
継続　92
継続動詞　80
形態格（morphological case）45
形態素（morpheme）4
形態素ごとの注記（morpheme-by-morpheme gloss）187
形態的使役（morphological causative）153, 155
軽動詞（light verb）15, 52, 75
形容詞（adjective）9, 22, 141
形容詞句（adjectival phrase）26
形容詞文（adjectival sentence）32
形容動詞　10, 141
経路を表す「を」53
結果構文（resultative construction）72

結果の残存　92
決定詞（determiner）　21
原因　119
限界（telic）　79
限界性（telicity）　79
言語学（linguistics）　1
謙譲語　180
限定　124
限定用法（attributive use）　9
限度　129
現場指示　18

こ

語（words）　3
語彙アスペクト（lexical aspect）　78, 91
語彙使役（lexical causative）　153
語彙範疇（lexical category）　24
項（argument）　29, 39, 176
向格（allative）　44
項構造（argument structure）　39
構成素（constituent）　29, 165
構造格（structural case）　45
拘束形態素（bound morpheme）　5
後置詞（postposition）　24, 46, 56, 148, 189
後置詞の目的語（object of the postposition）　62
構文（construction）　35
語幹（stem）　133
国語学　1
語順（word order）　63, 165
五段活用　132
コピュラ（copula）　18
固有名詞　11
痕跡（trace）　167

さ

再帰代名詞（reflexive pronoun）　63, 173

サ行変格活用（サ変）　132
「させる」　105
三項動詞（ditransitive verb）　71, 166
参与者（participant）　37

し

子音動詞（consonant verb）　133
使役（causative）　52, 105, 153
使役動詞（causative verb）　153
指示詞（demonstrative）　17
指示代名詞　11
辞書形（dictionary form）　137
時制（tense）　24, 84
自他交替（transitivity alternation）　74, 80
自他同形　75
自他の対応がある動詞　73
実質語（contentive）　7
視点（viewpoint）　179
自動詞（intransitive verb）　69
自発　103
下一段活用　132
斜格（oblique）　43, 161
斜字体（italic）　185
習慣　93
自由形態素（free morpheme）　4
終止形（conclusive）　137, 141
終助詞（sentence-final particle）　120, 189
従属詞（dependent）　27
従属節（subordinate clause）　35, 87
重文（compound sentence）　34
主格（nominative）　44
樹形図（tree diagram）　26
主語（subject）　60, 62
主語関係節（subject relative clause）　160
主語指向性（subject orientation）　64, 173
主語尊敬語化（subject honorification）　65
授受表現　178
主節（main clause/matrix clause）　35

主題（theme）38, 71, 128
述語（predicate）8, 32
受動態（passive）147, 148
主要部（head）26, 159
主要部外在型関係節（head-external relative clause）162
主要部後置型（head-final）29
主要部前置型（head-initial）29
主要部内在型関係節（head-internal relative clause）162
瞬間動詞 80
瞬時性（punctuality）79
順接 119
準体助詞 16, 116
照応表現（anaphoric expression）172
状況を表す「を」53
条件形（provisional form）137
状態（state）79
状態動詞（stative verb）61, 63, 77, 79, 80
状態動詞類（stative verbal）78
状態の出現 95
状態変化の動詞（change of state verb）81
助詞（particle）115
助詞とその分類 115
叙述用法（predicative use）9
助数詞（numeral classifier）16
助動詞（auxiliary verb）24, 102, 109, 144
所有文 56
自立語 7
心理動詞（psychological verb）81

す

推定 110
推量 111
数量詞（quantifier）16, 168
数量詞遊離（quantifier floating）168
数量名詞（quantifier）16

せ

制限用法（restrictive relative clause）160
静的述語 85
節（clause）5, 34
接辞（affix）5
接続詞（conjunction）12
接続助詞（conjunctive particle）12, 118
接頭辞（prefix）5, 181
接尾辞（suffix）5
「せる」105
ゼロ代名詞（zero pronoun/null pronoun）176, 177
先行詞（antecedent）64, 172
選択列挙 117
前置詞（preposition）24
線的順序（linear order）29
全部列挙 117

そ

相（aspect）91
想起 87
総記（exhaustive listing）52, 130
「そうだ」112
相対時制（relative tense）88
促音便 138
属格（genitive）44
属性形容詞 10
外の関係 163
尊敬 103, 180
尊敬語 180
存在 55
存在文 56

た

「た」21, 106
「たい」112
態（voice）147

対格（accusative）44
待遇表現 180
体言 8
対事的モダリティ 98
大主語 52
対照（contrast）124, 129
対象（theme）38
対人的モダリティ 99
対比（contrast）124, 129
代名詞 11
「たがる」112
タ形（ta-form）84, 86, 137
多重主格構文（multiple nominative construction）51, 61
奪格（ablative）44
達成（accomplishment）79
他動詞（transitive verb）69
タラ形（tara-form）137
短距離かき混ぜ（short-distance scrambling）167
短距離束縛（short-distance binding）173
単文（simple sentence）34

ち

知覚動詞（perceptual verb）82
着点（goal）39, 55
中止形 137, 142
抽象格（abstract case）45
中立叙述（neutral description）130
長期的継続 95
長距離かき混ぜ（long-distance scrambling）167
長距離束縛（long-distance binding）173
兆候 112
直接受身（direct passive）149
直接使役（direct causation）155
直接目的語（direct object）60, 66
陳述副詞 11

て

「てある」93
「ていく」94
程度副詞 11, 22
丁寧 113
丁寧形（polite form）137
丁寧体 113, 181, 182
「ている」21, 80, 92
「ておく」94
出来事（event）69
「てくる」94
テ形（te-form）137
「てしまう」94
テンス（tence）84
伝聞 112

と

等位 119
到格（terminative）44
統語カテゴリー（syntactic category）20
統語範疇（syntactic category）20
統語論（syntax）2
動作主（agent）37, 71
動詞（verb）9, 22, 69
動詞句（verb phrase）26
動詞の自他 69
動詞文（verbal sentence）32
動態性（dynamicity）79
動態動詞（dynamic verb）77
到達（achievement）79
動的述語 85
読点 4
動名詞（verbal noun）16
トピック（topic）128
とりたて 123
とりたて詞 123
とりたて助詞 123

な

「ない」 105
ナイ形（nai-form） 137
内容語（content word） 7
ナ形容詞 10

に

「に」 46, 54, 56, 70, 77
二重目的語構文（double object construction） 60
二重「を」制約（double o constraint） 52, 158
日本語学（Japanese Linguistics） 1
日本語教育文法 1
日本語文法（Japanese syntax / Japanese grammar） 2
認識のモダリティ（epistemic modality） 98
人称代名詞 11

ぬ

「ぬ」 105

ね

「ね」 120

の

「の」 46, 50
能動態（active） 147
「のだ」 100

は

「は」 47, 128
バ形（ba-form） 137
場所（location） 39
場所格（locative） 44
派生（derivation） 5

派生動詞 14
撥音便 138
発見 87
判断のモダリティ 98
判定詞 18, 143
反復 93

ひ

被害の受身（adversity passive/adversative passive） 150
比格（comparative） 44
非過去（non-past） 84, 85
非過去形（non-past form, imperfective） 137
非活用語 7
非限界（atelic） 79
非制限用法（non-restrictive relative clause） 160
非対格動詞（unaccusative verb） 71, 157
必須補語 61
否定疑問文 106
否定形（negative form） 106, 137
否定文（negative sentence） 33
被動作主（patient） 38
非能格動詞（unergative verb） 71, 157
評価 124
評価のモダリティ（deontic modality） 98
品詞（parts of speech） 8

ふ

付加部（adjunct） 30, 57, 62, 148
不規則動詞（irregular verb） 133
複合動詞 14
副詞（adverb） 11
副詞形 142
副助詞（adverbial particle） 123
複文（complex sentence） 34

付属語　7
普通体　182
文（sentence）　5
文節　30
分布（distribution）　20
文法（grammar）　1
文法関係（grammatical relation）　60
文法機能（grammatical function）　60
文法性（grammaticality）　2
文法的アスペクト（grammatical aspect）　91
文法範疇・文法カテゴリー（grammatical category）　20
文脈指示　18

へ

平叙文（declarative sentence）　33
並列助詞　12, 52, 117
ヘボン式　185
変化の進展　95

ほ

母音動詞（vowel verb）　133
補語　60
補助動詞　14, 180
補足語　60
補部（complement）　29
補文標識（complementizer / COMP）　24, 116, 189

ま

「まい」　111
「ます」　113
マス形（masu-form）　137

み

未然形（irrealis）　137, 141

「みたいだ」　110

む

無意志動詞　77
ムード（mood）　98
無助詞　66, 130

め

名詞（noun）　10, 21
名詞句（noun phrase）　26, 125
名詞文（nominal sentence）　32
命題（proposition）　97
命令文　34
迷惑の受身（adversity passive / adversative passive）　150

も

目的語（object）　60
目的語関係節（object relative clause）　160
モダリティ（modality）　87, 97, 109, 120
「もらう」　178

や

やりもらい表現　178

ゆ

有題文　128
有対自動詞　73
有対他動詞　73
遊離数量詞（floating quantifier）　168

よ

「よ」　120
「よう」　111
ヨウ形（yoo-form）　137
用言　8
様相性　97

「ようだ」 110
様態動詞（manner of motion verb） 81
様態副詞 11
容認度（acceptability） 3
与格（dative） 44, 57, 60, 71
与格主語構文（dative subject construction） 61
「よね」 120
呼びかけ文 34

ら

「らしい」 110
ら抜き言葉 103
「られる」 102, 147

り

略語一覧（list of abbreviations） 187, 188
理由 119

る

累加 124
累加列挙 118
類似 110
ル形（ru-form） 84, 85, 137

れ

例文の提示 187
「れる」 102, 148
連体形（attributive） 137, 141
連体詞（attribute） 12
連体助詞 116
連用形（adverbial） 137, 141

ろ

ローマ字（Roman alphabet） 185
論文のスタイル 189

わ

「わけだ」 100

を

「を」 46, 52, 53, 77
ヲ格 43

ん

「んです」 100

〈著者紹介〉
鈴木 孝明（すずき たかあき）　京都産業大学外国語学部教授
群馬県渋川市生まれ。言語学博士(ハワイ大学マノア校)。著書に、『ことばの習得』(白畑知彦氏と共著、くろしお出版)、『書評から学ぶ 理論言語学の最先端(上)・(下)』(共著、畠山雄二編、開拓社)ほか。

日本語文法ファイル─日本語学と言語学からのアプローチ─

初版第1刷────2015年6月1日
　第2刷────2019年4月1日

著　者────鈴木孝明
発行所────株式会社くろしお出版
　　　　〒102-0084　東京都千代田区二番町4-3
　　　　［電話］03-6261-2867　［WEB］www.9640.jp

印刷・製本　藤原印刷　装　丁　折原カズヒロ

©Takaaki Suzuki, 2015　Printed in Japan
ISBN978-4-87424-661-0 C1081
乱丁・落丁はお取りかえいたします。本書の無断転載・複製を禁じます。